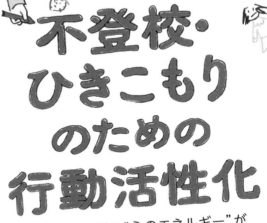

不登校・ひきこもりのための行動活性化

子どもと若者の"心のエネルギー"が
みるみる溜まる認知行動療法

神村栄一

金剛出版

はじめに

> 「はじめに」をざっくりと……
> 　不登校の指導性と，ひきこもりの状態にある若者の支援の現場でよく語られる，「心のエネルギー」とは何か。このような表現が用いられる背景にある困難，症状の経過のとらえ方を，本書の導入として考察した。エネルギーが溜まってきた，とか，まだ溜まっていない，とは，どのような意味なのだろうか。

1. 心のエネルギーは現場でどう語られているか

　「心のエネルギー」という表現があります。本書を手にした方のほとんどが，一度は耳にされたことがあるでしょう。心理学ないし精神医学，福祉や療育についての，特定の理論や学説に関連した専門用語ではありません。心の支援の領域でも，特に，学校教育や子ども・若者の支援にかかわる領域で多く用いられているようです。

　不登校あるいはひきこもりの状態について，心のエネルギーが「溜まってきた」とか「まだ溜まっていない」と言うのが，よくある活用例です。中高年のうつ病あるいは非行の問題行動を繰り返す青少年の支援において，「心のエネルギーが……」と語られることはあまりないようです。

　つまり，「本来なら心にエネルギーは満ちあふれているべき子どもから20歳前後の若者において，外に向かう活力が枯渇しているかのように見えてしまう状態」が残念ながら一部に見られます。そのような心の停滞に対しては，

外部からエネルギーを注入するというわけにはいかず,温かい支援の中で時間をかけて蓄積してもらうしかないのです。エネルギーが十分に蓄積していない,つまり「機が熟していない」うちは,刺激して悪化してしまいかねないかかわりはひかえるべき,という支援仮説が前提となっていることがわかります。

「溜まるまでもう少しかな」とか,「そろそろ溜まってきたかな」という言い方で,心のエネルギーは支援の場において重要な指標になっています。

多くの専門家にとってこのエネルギーの喩えを共有することはとても役に立ちます。不登校やひきこもりの事例についての定例カンファレンスは,たいてい,子どもの心の「エネルギーの蓄積状況」の確認を中心に進みます。チームでの支援では,この基本的な部分の共有に不一致があると,一貫性ある支援が難しくなりますから当然のことでしょう。

本書では,「心のエネルギーが溜まる」について,次のようにとらえることにします。主体的でのびのびした動作や表情,発言が観察できるようになる,活動性が高まる,外出をしたがり外出の距離と時間が長くなる。さらにその子,その若者らしさが見える活動,つまり,その子が快感や安堵を覚え没頭できる活動,が増えてくること。これが安定して認められればエネルギーが溜まったと判定できます。

ですから,例えばたまに家庭訪問でしか会えない状況になってしまったクラス担任よりも,保護者あるいは適応教室やフリースクールなどで頻回に顔をあわせ,微妙な変化をとらえることができている相談員の方が,その溜まり具合が見えている,という場合はよくあることです(学校の教師,専門機関のセラピストとしてはそのような方との連携が不可欠です)。

2. 行動にこだわった支援を推すのはなぜか

不登校の子やひきこもりの状態にある若者に,「エネルギーは溜まりましたか?」と直接尋ねることは,まずないでしょう。エネルギーの溜まり具合は脳波や血液検査で測定することはできません。結局は「行動」から査定されます。例えば,定期的に来談してくれるプレイルームでの様子というのも,

結局は行動です。面接室での会話の様子や表情も行動です。

カウンセリングや心の支援にはさまざまな手法があります。薬の処方をする場合もあるでしょう。しかしいずれも目指すところは同じです。昔も今も行動（から見てとれる心）の変化が評価の決め手となっています。

筆者は，行動療法とか臨床行動分析とよばれるアプローチを含む，これらを中心に据えた認知行動療法を専門としてきました（第2章で概説）。その対極的な心理学アプローチを実践されている方から，「より内面の成長，充実，適応を目指す必要もあるのでは？」というコメントをいただくことがあります。

おっしゃりたいことはよくわかります。でも，その内面というものは結局わずかなふるまい，行動の変化から見てとるわけです。まったく純粋な内面の変化を，誰がどうやってとらえられると言うのでしょう。

3. 心のエネルギーをどこまで行動でとらえることができるのか

実際にどのようなことが，心のエネルギーの指標になっているのでしょうか。表0-1にあげてみます。つまり，心のエネルギーとは，これらの「行動の変化」をとらえ，その背景にある心の動きを電池や燃料タンクのような貯蔵庫のイメージに喩えているにすぎません。

経済学でも同じです。「景気がよくなってきた」とよく言いますが，景気とは何でしょう。案外むずかしいものです。「失業率の低下」，「高校生や大学生の求人率の向上」，「主な大型店の売り上げ」，「ボーナスの平均支給額」でしょうか。日本の景気というモノ，実体は，日本国内のどこを探しても見つかりません。カメラで撮影することもできません。

それと同じで，心のエネルギーは，独りの人間のさまざまな行動観察の結果から，総合的に判断されることです。「写真でもビデオカメラでも撮れないから，景気という言葉には意味がない」などと言ったらナンセンスです。心のエネルギーも同じことです。

ただし，景気の変動を真剣に考えるなら（それが政治家や担当官僚や学者の仕事），何らかの指標でしっかりとらえていくことも大切です。同じく心のエネルギーも，どこをどのようにとらえた概念なのか，時に振り返ってみ

る，支援の場では専門家の間で共有していくことも大切です。

認知行動療法には，具体的でタイミングさえ合えば速効性が期待できる，心理的支援の理論と技術がそろっています。それをできるだけ，やさしくかつ具体的に紹介することが，本書のねらいです。

表 0-1 「心のエネルギーが溜まってきた」の具体例
※以下のような行動，ないしはそれに近い行動が観察されるようになる

- 家族とほぼ同じ時刻に目を覚まし寝床から出て朝の支度を進める
- 入浴や歯磨き，外出可能な身支度などができる
- 家族と視線が合う，言葉やモノのやりとりが増える
- 表情がおだやかで家族との間に緊張感のない会話がかわされる
- 自分だけのスペース（個室）で過ごす時間が減り家族と共有の場で過ごす
- 関心ある話題などに反応した表情や声が出るようになる
- 家族の食事と時間があうように3食をバランスよく採る
- 朝起きてすぐに活動を始めることができる（「二度寝」がなくなる）
- 電話や訪問者のインターフォンに応対する
- 依存的な行動（ゲームやネットなど）から他の活動や興味関心に広がる
- 外出（買い物，息抜き，レジャーでも）を希望する
- 購買の意欲が出てくる，自分で使えるお金を気にする
- 家事をする，手伝いをする，家族の家事に口を出す
- 年齢や活動に相応しい時間に就寝（ベッドに入るだけでなく）する
- 新聞やテレビのニュースその他，世の中の出来事に関心が出てくる
- 家族の外出，家族がやっていること，などに関心が出てきて声をかける
- 教師や相談員などの訪問を警戒心なく受け入れることができる
- 退屈さを覚えてイライラした様子を見せる
- 最も安心できる家族（たいていは母親）に話しかけ，まとわりつく

4. どんな方に，どのように読んでいただきたいか

　本書が紹介する支援方法のターゲットは，間もなく小学校に入学するというお子さんから，小学生，中学生，高校生，希望はあったけれど何らかの事情から，高校や専門学校，大学や就労，その訓練のための場に安定して通うことができない10代後半の方を想定しています。

　しかし，著者自身は，成人のひきこもりの支援にも多数かかわってきた経験から，20代後半以降のひきこもりの方々にも，10代から20歳前後の事例と共通するところは大きく，参考にしていただけると考えております。

　構成は大きく，概要編（第1章・第2章），事例介入編（第3章〜第9章）に分かれています。認知行動療法やその基礎理論の解説は，必要最低限のところを概要編（第1章）にまとめました。本書を手にされた方の多くは，現在支援に困っているケースへの対応策のヒントを求めていると思いますので，事例介入編（第3章〜第9章）の該当するところから読んでいただいてかまいません。

　各章とも，「寝転がっても読める」，つまり他の著書や事典，辞書，ネットでいちいち検索しなくても読み進められる表現を心がけました。行動活性化で「心のエネルギー」をためてもらい，それぞれの目標にむけて人生をより充実させてもらうためさらに必要となる行動形成を，認知行動療法をベースに進めるのが目標ですが，実際にはさまざまな困難があって難しい，ということはよくあることだと思います。そこで，子どもと若者にあるさまざまな，本人にとってあるいは周囲にとっての問題，心理的症状，時には「障害」とよばれるような困難への対応，そしてそれらの未然防止策についても触れました。

　学校で，心理相談や医療などの支援の場で，実践している方々から「新しい情報を学んだ」という感想をいただけたら嬉しく思います。さらに嬉しいのは「これまでの実践の中でうすうす実感していたことを整理することができた」とスッキリしていただけることです。

　なお，本書では，相談，治療や特別な支援を求めているお子様，若者の当

事者のことを，患者やクライエント，学校の中での支援であれば児童生徒と表記すべきところですが，基本的には，要支援者，と表記しました。

これに対し，心理師，医師，カウンセラー，相談員，学校であれば教師，つまり支援にあたる側を，ほぼセラピストと統一的に表記しました。学校の先生にとって，「セラピスト」という表記には違和感があるかもしれませんがお許しください。

本書が紹介する技術は，教師を除いた「こころの専門家」とよばれるような方のみに向けたものではありません。ぜひ，学校の先生にも，いや学校の先生にこそ，手にとっていただきたいと願います。実際の支援の現場では「こころの専門家」が解説者風にコメントをしている脇で，教師や相談員の方が「心のエネルギー」の蓄積，実際に元気になるための支援に取り組んでいることをよく知っているつもりです。

それからこれは当然のことですが，解説のための多くの事例の記述についてはすべてそれぞれにモデルとなった事例はあるものの，解説のための架空であること，細かな情報は置き換えた創作であることを，お断りしておきます。

目　　次

はじめに ··· 3
　1. 心のエネルギーは現場でどう語られているか ································· 3
　2. 行動にこだわった支援を推すのはなぜか ·· 4
　3. 心のエネルギーをどこまで行動でとらえることができるのか ··········· 5
　4. どんな方に，どのように読んでいただきたいか ······························· 7

概説編
第1章　今日の不登校とひきこもり ······································· 13
　1. 増える不登校 ·· 13
　2. 不登校予備群の子どもたち ··· 14
　3. なぜ，平成のおわりに増えてきたのか ·· 15
　4. 不登校に対する見方と予防策のヒント ·· 17
　5. 本書が目指すこと ·· 21

第2章　基礎となる認知行動療法概説と用語の解説 ················ 23
　1. 認知行動療法の歴史と特徴 ··· 23
　2. 認知行動療法はどのように人を元気にするのか ······························· 25
　3. 認知行動療法ならではの困難や症状の理解 ······································ 27
　4. 行動活性化（behavioral activation：BAとも）································ 29
　5. エクスポージャー（exposure：曝露法）··· 30
　6. 漸次的接近（successive approximation）··· 32
　7. 機能分析（functional analysis：行動分析，関数分析，ABC分析とも）···· 34
　8. 強化（reinforcement）··· 35
　9. オペラント消去（operant extinction）とバースト（burst）············· 37
　10. 弱化（punishment）··· 38
　11. プレマック原理（Premack principle）とトークン法（token economy）···· 39
　12. 時間割引（time discounting）··· 42
　13. 価値（value）と動機づけ ··· 44

介入マニュアル編
第3章　解説のための事例の提示 ·· 51
　事例① 小6のA太 ··· 51
　事例② 中2のB美 ··· 53
　事例③ 大学生ひきこもりのC介 ·· 55

第4章　動機を引き出し関心事の情報を集め行動活性化を準備する ···· 59
　1. 対象をとらえる技術 ·· 59
　2. 初回の面接の冒頭から情報を集めていく ·· 60
　3. 協同して取り組む関係の形成 ··· 62
　4. 初回面接で大切にすべきこと ··· 63
　5. 事例の解説：①A太の場合 ·· 65
　6. 事例の解説：②B美の場合 ·· 68
　7. 事例の解説：③C介の場合 ·· 70

第5章　動機づけを支えながら行動活性化を進める　73
1. 行動活性化を進めるセラピストとしての自己研鑽　73
2. 「行動活性化」に有利な活動ときっかけ：家庭内編　77
3. 「行動活性化」に有利な活動ときっかけ：外出編　80
4. 記録をとる，予定を定める，準備して寝る　83
5. 「誰かが強化する」から「活動から強化される」へ　85
6. 事例：A太の場合　86
7. 事例：B美の場合　88
8. 事例：C介の場合　90

第6章　ネットとゲームへの依存を撃退する　93
1. まずは不登校やひきこもりの予防につながる知見から　93
2. 家庭で退屈させていると，べたべたしてくる子には？　104
3. 「依存という"毒性"を持つツール」から子どもと若者を守るために　106
4. 親や教師，支援者には「子どもを疑ってみる勇気」も必要　108

第7章　睡眠を中心に生活のリズムを整える　121
1. 正しい睡眠習慣をとることの大切さ　121
2. まずは記録をとってみる　123
3. 面接で睡眠に関する習慣を具体的に集めるコツ　133

第8章　漸次的接近でふたたび通えるようにする　141
1. 漸次的接近とは　141
2. 家庭訪問で動機づけを刺激する　142
3. いよいよ漸次的接近の初回を実行する　148
4. 初回でうまく出かけることができなかった場合　149
5. 目標に向けて自宅玄関を出ることができたら　150
6. 当日の学校の事情をよく把握しておく　152
7. 学校の立地を考慮して柔軟に進める　153
8. 練習の間隔を空けすぎないこと　154
9. 「裏口登校」と別室へのアクセス　155
10. 別室から教室への挑戦　156

第9章　不安や嫌悪の強い感情にエクスポージャーを効かせる　165
1. 不安や嫌悪はそれが起こる体験を避けるから長期化する　165
2. 不安が長期間にわたって保存されることを示す事例　167
3. 回避は「依存的」になりやすい　170
4. 馴れモードと温存モード　172
5. エクスポージャー法の進め方　175
6. 強迫症や衝動制御にもエクスポージャーは活かすことができる　178
7. エクスポージャーを理解し納得してもらう：心理教育　180
8. エクスポージャー法を進めやすくするマインドフルネスとは　183

付　章　発達障害のことを中心に　191
Ⅰ　発達障害とは　191
Ⅱ　発達障害かどうかにとらわれなくてもよい場合が多い　195

あとがき　200

概説編

第1章

今日の不登校とひきこもり

> **この章をざっくりと……**
>
> 小中学校における不登校の子どもたちは増え続けている。その背景に何があるのかを概説する。関連して高校の不登校，そして若者のひきこもりの現状と，時代背景との関連を紹介する。その上で，それらの事例を本書が紹介する認知行動療法，行動活性化に関連づける。

1. 増える不登校

不登校が増えています（2019年1月現在）。

さまざまなことが，「平成の30年」として総括されました。不登校については，どうだったのでしょうか。

「平成の最初の10年間，〈厳密には不登校の欠席日数が「年間30日」と改められた〈平成3年（1991年）から13年（2001年）〉」で，小中学校の不登校発生率は3倍近くまでに増えました。その後の10年ほどは，わずかな増減のくりかえし，つまりほぼ横ばいでした。

そして平成の30年間の最後の6年間は，連続で増え続けています。平成25年（2013年）度の文部科学省による全国調査で，唐突な増加（小学校でおよそ3,000人，中学校でおよそ4,000人が出現）がありました。この1年間で小中学校の不登校の発生率が「増えなかった」のは，ほんの2，3の県だけでした。つまり，いきなりほぼ全国で不登校が増えたのです。そしてそれ以降，5年連続となっています。

小学校では平成26年（2014年）以降，連続して発生率の過去最高を更新しています。不登校という現象の特性から，2018年度以降もしばらく増え続けると予想されます。平成3年（1991年）度には，1,000人中1.4人しか発生していなかったのが，平成29年（2017年）度には1,000人中5.4人が不登校となっています。中学校での発生率も，平成28年（2016年）度から2年連続で過去最高を更新しています。こちらは平成29年（2017年）度に，1,000人中32.5人となっています。中学校で1,000人の生徒がいればかなりのマンモス校になりますが，不登校生徒は1クラス分になります。実際にはそれ以上，という状況の学校もあるのです。

　平成7年（1995年）度から試験的に導入されたスクールカウンセラー制度が定着し，発達障害やその傾向にある子の理解も進み，適応教室やフリースクールなど柔軟な受け入れと居場所が提供されるようになりました。いじめは認知件数となって数の上では増加していますが，実質的には防止策もかなり進んでいます。「荒れる学校や教室」も増えているということはなさそうです。にもかかわらず，不登校の発生率を減らすことに失敗したどころか，最後には明らかな増加を許して終えた平成の30年間，になります。

2. 不登校予備群の子どもたち

　平成29年（2017年）度についての全国調査〈文部科学省，平成30年（2018年）10月発表〉によると，中学生のおよそ31人に1人，小学生の185人に1人が不登校とカウントされました。小中学校を合わせた発生率では過去最高を記録しました。

　懸念されるのは，欠席30日を超えた児童生徒の数だけではありません。「病欠等の扱いによって，不登校とはみなされないが欠席が多い」児童生徒，「校内の別室に登校あるいは学校外の適応指導教室やフリースクール等に通っているので『欠席』は30日を超えなかったが，教室に入れない日が多かった」児童生徒がかなりの割合になることもわかっています〈日本財団，「不登校傾向にある子どもの実態調査」，平成30年（2018年）12月〉。

　このような，不登校に準ずる状態の児童生徒の中には，学校で過ごす総時

間数が，本来の50％以下となっている子も含まれます。このほか，「（明確な理由のない休みは）30日未満であっても，早退や遅刻，保健室の利用が非常に多い」児童生徒も相当数になります。

　これらのいわば「準不登校」にあたる児童生徒は，小学校や中学校の場合，「30日以上の欠席がある不登校」とされた児童生徒の発生率と同じくらい，もしくはそれよりも1.5倍ほど多いことを，高い信頼性で示唆する調査資料もあります。実際のところ，学校現場で受ける感覚には，これに近いようです。

　高校の不登校も，大きな流れで見れば，発生率を徐々に減らすことができているようですし，中退の出現率も減っているようですが，実態をみると微妙です。義務教育ではない高校では，「別室登校」で受け入れ続け単位を認定し卒業させることは難しく，実際には，「これ以上，教室で学べないと単位を認定しない」という基準の運用を柔軟にし，セイフティネットで支える体制を整備している学校も増えています。柔軟な学びを提供する高校が増え，登校が苦痛になった子も居場所を確保しやすくなってきました。これは，普通に「教室」で学べない10代の子が着実に増えていることを意味します。

3．なぜ，平成のおわりに増えてきたのか

　子どもたちを学校に通いにくくする，影響の大きい何らかの要因が平成25年（2013年）度頃から広がり始めたというのでしょうか。先に紹介したとおり，この年からほぼ全国でこの変化が出現しているのです。

　時間の経過の中で生じた変化の原因を正確にとらえるのは，難しいものです。あらゆることが影響しているように見え，好き勝手な憶測が可能となります。2012年の年末に起こった政権交代，それ以降同じ総理大臣による政権が続いていることが原因，と主張する人がいても，これを否定することは難しいのです。

　筆者の憶測になりますが，この背景には，以下の二つが疑わしい，と思われます。①便利でコンパクトなネット通信端末（いわゆるスマホ，これはネットにつながるゲーム機も含む）が低年齢世代でも利用できるまで急激に普及した，②「『学校と相性のよくない子』が（家庭を含め）別の居場所を選択

することはむしろ望ましく，不登校を『改善すべきこと』と見なす必要はない」という理解，価値観が社会全体や教育界に浸透してきた，です。

　①について補足すると，わが国におけるスマホの普及は，平成22年（2010年）では1割弱だったのに，平成24年（2012年）でほぼ5割に到達し，平成25年（2013年）には6割を超えました。ちなみにスマホは，平成21年（2009年）には普及しておらず，ほとんどが携帯電話だったのです。インターネットに接続できるゲーム機の普及も，平成25年（2013年）にピークがあります（その後やや減少，おそらくスマホとタブレットに移行したと思われる）。不登校が急な増加に転じた時期と，ほぼ重なることがわかります（以上，総務省「通信利用動向調査」から）。

　今でも小学生の子に専用のスマホを与えている家庭はそこまで多くはないと思いますが，Wi-Fi環境が整い，家族の多くがそれぞれに端末を持ち始めた影響以上に，この時期にわが国の状況が大きく変わったことを見つけるのは難しいと思います。

　筆者は，不登校という現象について，「学校や家庭が原因である」，という言い方をするつもりはありません。徹底した原因の追及や，時代を戻すことが必須とも考えていません。ただ，上記の大きな変化に加えて，家庭ばかりか学校にも，そして地域社会全体に「学校に通いたくないなら，しかたないよね」という雰囲気ができあがれば，瞬く間に「学校に通わない」子が増える状況であるのがこれからの時代で，その兆しは十分ある，と考えます。

　子どもにとって（これは大人も実は同じなのですが），実際に学校（大人の場合は仕事）を数日連続して休む，あるいは休む誰かを目の当たりにしてしまい，「学校に毎日通わないことって，アリなんだ」ということを悟ってしまうと，学校によほどの魅力がないかぎり，再登校は難しくなります。

　「学校は通うのがあたりまえなのか」というテーマには，さまざまな考え方，意見があってよいでしょう。ただし，確実に言えるのは次のことです。**今日の学校は，いったん「毎日通うことはあたりまえではない」ことを知ってしまった子どもにとって，それでも通い続けるためには相当なエネルギーが必要となる場所なのです。**

　事実上の義務教育に近いとされる高等学校を終えた（中退も含め）後の年

代の，いわゆるひきこもりの若者（たとえば10代後半から39歳まで）については，平成28年（2016年）度の厚生労働省の調査による推計値が参考になります。数年おきに行われている過去の調査に比べ，明らかに増えているということはなさそうです。それでも「ほとんど外出しない」（狭義のひきこもり）が17万人，「好きなことでしか外出しない」（広義のひきこもり）だと計54万人と推計されます。

　ひきこもりと不登校は「一体」ではありません。ひきこもりの背景は多様で，かならずしもすべてが小学校から高校までの不登校ではないのです（若い世代のひきこもり全体のおおよそ2割において不登校が「きっかけ」となっている）。就職だけでなく大学や専門学校などを含む「社会」に出てからの不適応が「きっかけ」という割合も多いのですが，青年期後半における不適応には，高校までに不登校を経験している方が多いので，高校までの不登校は「きっかけ」ないしは「きっかけのきっかけ」となっており，ひきこもりにおけるそれなりのリスクであるとは言えそうです（不登校経験者の多くは社会で活躍しており，不登校からひきこもりへの連続が強調されるのは適切ではありませんが）。

4. 不登校に対する見方と予防策のヒント

　筆者は，不登校であること，不登校であったこと，ひきこもりにあること，ひきこもりであったこと，これらを「とても深刻であり，世の中から根絶すべきもの」とは考えません。（小学校から専門学校や大学までの）不登校，学校という集団への不適応，若者のひきこもり，については次のように考えます。

　「一定のリスクがあって生じる，人生において一過的な，その生活において限定的な，不調（停滞）であり，回復，立て直しは十分可能であるが，その後の人生における，再度の不調（停滞）について，一定のリスクとなるもの」です。

　したがって，学校を休み続ける，多く休むことを，たとえそれが義務教育であっても，責められる，責任を問われる，改善が求められる，というよう

なものではないし，仮にそこに差別のようなものがあってはならないと考えます。この点は強調しておきたいと思います。しかし，本人から，あるいは（特に未成年のうちは）家族から希望があれば，支援されるべき対象であり，かつ，学校教育にかかわる専門家としては，**将来に対して，致命的ではないが，「一定のリスク」であると認識し，できれば未然に防ぎ，あるいは影響性を軽減できるよう支援することが望まれるもの**，ということになります。

そもそも，「不登校やひきこもりにある，ということから，即，○○であるだろう」と断言できる何か，たとえば，能力，特性や性格傾向，狭い意味での病理性，環境の決定的要因，などは何もありません。そういう意味では，「不登校やひきこもりはどの子にも起こり得る」のです。

しかし，それがランダムに発生しているかと言うと，そうではありません。不登校につながりやすい要因，それがあれば不登校になりやすい，またそれがなければなりにくいという要因は多数あり，その中でかなり予測力の大きいものがある，と考えます。

表 1-1 に，4 大要因，表 1-2 には，その他の要因をあげました。これらを「まだ元気に登校できているすべての児童生徒」について情報整理し，年度ごとにクラス担任はそれを把握して，リスクが高い子について，「より決めの細かな目配り」をし，関連する教職員（生徒指導や教育相談担当，養護教諭，スクールカウンセラー，当該児童生徒を部活動や課外活動で支援する教職員などと）情報を集約し，そして担任が変わるたびに引き継ぐことが，未然防止には有効です。

普段学校で過ごしている中では，まったく心配がなさそうな児童生徒の中にも，かなりのリスクをかかえている児童生徒が含まれています。そのために，不登校は学年進行にともなって増加するのです。それを前提に，①その子が登校しにくくなるきっかけ（人間関係や学習の困難など）にはどのようなものがあり得るか，②それを学校内で誰がどのようにみとれるか，みとりやすくできるか，③もし不調の様子，元気がない様子があればどのような早期支援ができるか，あるいは有効か，④クラス担任から把握しフォローしにくいところ（特に部活動や学校外の活動など）についての連携をどうとるべきか，などについて簡単にまとめておきます。それを，不登校対策の担当者

表 1-1　影響力が大きい不登校リスク

1）小学校入学以降で「欠席」が多かった学年の有無

　　欠席の日数，そしてもしわかれば，幼稚園や幼稚園時代の登園しぶり，欠席の背景（「体調不良」であればそれにかかわった生活や心理的な背景，および遅刻や早退の状況も添えて）。欠席の多さはおおよそ 10 日以上，が目安。

2）不登校・ひきこもりの状態にある家族の有無

　　きょうだいの不登校やひきこもり，うつ病や適応障害等の「子どもの目からみれば深刻な疾患とはわかりにくい」精神疾患およびその疑いがあるため就労や就学できていない者，あるいは親しい友人，よく遊ぶ仲間の中の不登校，ひきこもり状態にある子がいる，など。

3）複数領域にわたる好き嫌い，徹底的に回避する行動傾向の有無

　　食物や臭い，肌触りや音といった純粋に感覚的な刺激への極端に強い嫌悪（感覚過敏，発達障害傾向の有無にかかわらずあれば特定），対人関係，諸活動や課題における好き嫌いの激しさと，それを強く回避し続け傾向，さらには，比較的些細なきっかけで，トラウマとなり，長く引きずる傾向。

4）家庭の中の「退屈せず」過ごせる状況の有無

　　退屈せず過ごせるもの，たとえば，ネット，ゲーム，マンガや音楽（聴く，演奏するいずれでも），スポーツや芸能，テレビや DVD ソフトなど，そのた，あくまで本人のとらえとして，「退屈しのぎ」として有効でかつ「はまる」「夢中になれる」「家の中であっという間に時間が過ぎる」環境がそろっていること。

がすべてのクラス担任に指示し，普段から集約しておきます。表 1-1，表 1-2 に示した「不登校リスク」には，心理学や教育相談関連の，高度に専門的な研修を受けた方でないと見きわめられないようなものは，一切含まれておりません。できるだけ具体的な記述になっています。

　学校適応については，よく「自尊感情」「自己肯定感」といったキーワードが話題になりますが，これらは漠然としています。具体的に行動レベルで観察できる本人特性と，子ども本人含め誰の責任でもない過去や家庭での事情から捉えてみることを提案します。

　これらについては，クラス担任，教員の力で徹底的に排除すべき，という意味で示しているわけではありません。教職員の力では，排除も変容も困難

表 1-2　その他の不登校リスク

個人特性として……学習スキル（いわゆる主要教科だけでなく実技科目とりわけ体育）の低さとその学年進行による学習の遅れ，社交不安傾向（対人緊張，評価懸念，分離不安など），馴れていない刺激状況や活動への不安，特定の刺激や課題に回避的になりやすい慢性疾患（アレルギー等），場にふさわしいふるまいを理解し遂行することの困難，意図の有無を問わず他人を不快にさせる習慣習癖，それに気づいて調整するスキルの不足，コミュニケーションの苦手や深刻な困難（緘黙や吃音），その他，容姿や発話，縦断での態度における目立った特徴，など。

状況特性（家庭）として……家庭の生活習慣や価値観が標準からかけ離れている，保護者に子どもの登校を重視しない／学校教育への拒否的態度あり，学業（時にはスポーツや芸術方面であることも）を高めるための標準からかけ離れた修練や努力を求められている状況，子どもが安堵できるための機能をほとんど果たせない状況，通学の負担が大きい，など。

状況特性（学校）として……学校学年学級の子どもたちの荒れ（いじめ含む）を教師がコントロールできない，子どもの些細な希望や意思を全く受け入れずルール遵守を徹底させる，など。

経歴として……転校や学区外への通学，疾患および災害や犯罪の被害などで一定期間避難生活や特別な支援を受けざるを得なかった，転校を経験した，など。

な項目がむしろ多く含まれます。それでも，リスクに向き合って情報把握に努め，該当する子に対しては，他の子よりもよりきめ細やかな対応を提供することで，確実に，新しく出現する不登校の抑止につながるはずです。

　これはたとえてみれば，無事故を誇るベテランドライバーが，飛び出しなどが多い地点でわずかに速度を落とし，より集中を高めて運転しているのと同じです。「常に100％の警戒を心がける」ことは，実は「何に対しても警戒していない」のです。必ずしもトータルでの安全にはつながりません。

　この不登校リスク判定について，市単位での取り組みの成果については，神村（2016）[注]の報告がありますのでよろしければ参考にしてください。

　一度でも不登校を経験したら，その後の人生は間違いなく「〇〇になって

注）神村栄一（2016）リスクマネージメントですすめる不登校対応．最新精神医学第21巻6号，451-458．

しまう」という，確定的な何かは一切ありません。中学校まで不登校であっても，高校生となり，さらに専門学校や大学，大学院に進学して，自分なりの道を見つけ，人生に一定以上の満足を得ている方はたくさんいます。「不登校を経験してむしろよかった，よいきっかけだった」という方にも数多くお会いしました。

　しかし，20代・30代で，「人生が順調にいっていない」，「カウンセリング等の支援を求めている」，「医療機関で心の不調について定期的にケアを受けている」あるいは「周囲から心について専門的なサービスを受けることを提案されている」という方々の中には，やはり，「不登校」の経験がない方よりも，ある方の数がずっと多くなります。20歳を過ぎても「生きにくい」「自分の人生に満足できていない」という方では，不登校の経験者，特に，長くあるいは複数の時期において不登校状態にあった，という方の割合が高くなります。

　このことから，不登校を経験することで，「本人にとってつらい」「周囲が心配する」状況になりやすいリスクを高める，という結論にならざるを得ない，と言えます。

5. 本書が目指すこと

　本書が目指すのは，不登校やひきこもりの状態にある子どもや若者に，効果的に元気を提供できる，現在のところ最も有効だと筆者が考える，心理学的方法を紹介することです。

　その心理学的方法とは，認知行動療法という心理的援助技法であり，その中でも特に，行動活性化というテクニックが中心となります。

　いままで述べてきましたように不登校やひきこもりの支援の現場ではよく支援者の間で「心のエネルギー」が「まだ溜まっていない」とか「そろそろ溜まってきたようだ」などと語られます。保護者の方にそのように説明する場合もあるようです。

　つまり，「心のエネルギーの蓄積」というキーワードで，支援のタイミング，支援策が選択されているわけです。そうであれば，その「心のエネルギー」を効果的に蓄積できるマニュアルをもとに，全体として，不登校で元気がな

い，ひきこもりでいきいきとしていない時期を，効果的に短くすることができるのです。

　本人と面接をする，プレイセラピーの機会を提供する，保護者と面接をする，家庭訪問をする，手紙やメールのやりとりをする，学習や活動の機会を提供する，外出をうながすなどなど，不登校の子に対する支援はいろいろあります。

　それらの多くでは，「本人の気持ちを尊重しつつ，寄り添いつつ」を重視しながらも，ただただ本人任せ，というわけにもいかず，さまざまな支援を提供しています。それが，多くの教育相談期間でのサービスだと思います。

　ならば，そこに「心のエネルギーを溜める」策を意識的，計画的に導入すればいいのではないか，というのが本書の提案です。先に述べたように，認知行動療法の，特に行動活性化という手法をベースにしていきます。これは実は，慢性的な抑うつの状態にある成人の方への支援方法として着目され，発展してきた方法です。

　認知行動療法という心理学的支援技術については，第2章で紹介します。今日の心の健康にかかわる心理学的技術の中でも代表的なものとされており，多くの精神疾患，生活上の困難において，「最も役に立つ心理学的援助法」として，支援，治療において最初に選択されるべき方法です。

　この手法はかつては，徹底的にしごいて，鍛える手法であるかのようにあるいは，本人がその気にならないと効果がない訓練方法，であるかのように誤解されることもありました。しかし，「アメとムチ」や「体育会的しごき」でも，「極端に動機づけが高い方だけに提供される修行」でもなく，人の生活のあり様を支えるための技術であることがだんだんと理解されてきています。

第2章

基礎となる認知行動療法概説と用語の解説

> **この章をざっくりと**
>
> 行動活性化を始め，本書で紹介する技法の基盤となっている，認知行動療法を概説する。歴史，基礎理論，他の心理療法との違い，行動活性化と密に関連する漸次的接近とエクスポージャー，その他，機能分析，強化と弱化および消去，プレマック原理や時間価値割引，動機づけ，認知再構成法などを解説する。これらについてすでに学習ずみであれば，事例介入編（第3章以降）から読み進めてかまわない。

1. 認知行動療法の歴史と特徴

　認知行動療法は，今日，医療をはじめさまざまな対人援助の領域において，心理的援助の中核をなしています。まずは簡単にその歴史を振り返ります。

　認知行動療法のベースとなった行動療法という技術が誕生したのは，1950年前後のことです。当時は，主に二つの技術からできていました（下山・神村，2014）。

　一つは，今や特別支援教育や療育の領域で主流となっている行動分析による変容技法であり，もう一つは，恐怖症や不安症などの条件づけによる変容技法でした。前者についてはスキナー（B.F. Skinner），後者についてはワトソン（J.P. Watson）やウォルピ（J. Wolpe）が有名です。

　いずれも，当時の学習理論の実践応用であり，精神分析学を背景にしていないという点で，当時としてはめずらしい理論であり技法でした。「学習

(learning)」とは，心理学において「経験をとおして行動に一貫した変化がもたらされること」と定義されています。日本語の「学習」には，一般には「机に向かって教材を頭に入れる行為」といった意味がありますが，心理学では「（望ましいも望ましくないも関係なく）経験から身につくこと」という，もっと基礎的な心の働き全般をさしています。

人間を含む生きものの行動（生きているからこそ観察される活動）は，本能と学習から構成されます。本能行動つまり「生まれた時からすでにプログラミングされている行動パターン」は，「経験から学ぶ」ことを必要としません。本能ではない行動パターンはすべて学習，つまり「生まれた後に環境とのやりとりで獲得した行動パターン」ということになります。

一部の人に限って認められる「異常な行動」「問題となる行動」は，「人間としての本能」ではうまく説明できません。そうすると，残るのは「人間として壊れている」か「間違って学習されてしまった」と考えるか，となります。行動療法では，基本的にすべて「好ましくない環境とのやりとりによる誤った学習によるもの」であろうと考え，であるならば「**あらためて適切な環境の中で望ましい行動パターンを学習し直すこと**」で，それらの問題行動は変容可能である，という基本仮説に立ちます。

したがって，精神分析による心理治療のように，無意識，人間性のある根本原因が困った行動として表面化していると考え，その「根本原因」を心理学的に解明しそこにある病理性を解放することで症状や問題行動は消失する，という仮説とはもともと相いれないものでした。

その後，ベースとなる心理学（行動科学）そのものが，頭の中での情報のやりとり，つまり「認知」を単なる内省でなく，より科学の対象として扱うようになってきました。行動療法もその影響を受け，観察による学習，言葉による行動調整など，**行動のコントロールにおける認知の役割を積極的に活用するようになりました**。

そのような中，精神分析の手法の限界を感じて独自な心理療法の開発を進めていたのが，ベック（A.T. Beck）とエリス（A. Ellis）でした。1970年代に，ベックは認知療法（cognitive therapy），エリスは論理情報行動療法（rational-emotive behavior thrapy：REBT）という手法を開発し成果をあ

げました。いずれのアプローチも,「ものの受け止めかたや思い込み,信念が精神症状の維持をもたらしている」との仮説に立つものでした。これらはそれまでの行動療法との統合が一気に進み,1980年代には,「認知行動療法」へと発展しました。理論にも技法にも柔軟性がもたらされ,支援の対象と領域が格段に広がりました(坂野,1995)。

認知行動療法は,熟練者でなくても,対人援助の専門家として最低限の技術を身につけたセラピストが,科学的に効果が確認されたマニュアルに基づいて進めていくことで,期待される成果を比較的短い期間(セッション数)で提供することができるため世界中に普及していきました。それは同時に,より多くの,精神医学的,臨床心理学的な課題,症状,異常行動,問題となる習慣などの改善においても,試されるようになっていきました。ある困難や症状に対してどの技法やどのような技法の組み合わせを提供すれば確率の高い支援が提供できるのか,もしそこに無駄や副作用のリスクがあればそれを省いてさらに効率化できないか,などを明らかにする研究が多数発表されるようになり,それらがさらに普及を促進し研究を刺激する,という循環の中でさらに進化していきました(鈴木・神村,2005)。

最近では,「文脈(context)」の中で刺激の意味をとらえ行動しているという,「人間ならではの理解と反応の特徴」をさらにダイナミックにとらえるべきであろうという方向へ認知行動療法は発展を続けています(三田村,2017)。

2. 認知行動療法はどのように人を元気にするのか

不登校やひきこもりとも関連するうつ病に関しては,二つの認知行動療法的技法と薬物療法の組み合わせが推奨されています。

一つは,マイナスに偏った解釈(認知)が情緒の混乱をもたらしているととらえ,これらを患者自らがモニターし効果的な手続きで修正していく手法で,認知再構成法(cognitive restructuring)とよばれます。例えば,「自分は誰にも好かれないのではないか」「将来何もよいことは起こらないのではないか」「完璧さを徹底しないとすぐに脱落してしまうのではないか」という,

歪んだ解釈「他人についてだったらそう（悪く）は考えないのに自分自身についてはそう（悪く）考えてしまう」と受け止め，その他の思い込みや本人が幼い頃から身につけてきた独自の信念の内容に着目します。

それらを考え方のクセとして理解できるように心理教育を受け，日常の中で自分からキャッチし，それが妥当であろうかとチェックし，できれば穏やかに修正する（例：「好かれるのは望ましいが，好かれないとダメということでもない」），あるいは置き換える（例：「みんなから好かれるなんて無理，そんな人は存在しない」）ことを訓練していきます。

認知行動療法の中でも，特に健康な人にとっては比較的理解しやすいモデルであり，広く紹介されています（J.S. Beck, 2015）。しかし実際には，そのような考えや受け止めの修正，置き換えが難しいからこそ，うつの症状や困難を長引かせているわけですから，そう単純には進みません。実際の治療としては，要支援者がこの技法のための枠組みで普段の生活で意識せずに浮かべてしまう考え〈自動思考（automatic thought）〉をとらえることができ，それを一定期間持続させないと十分な成果を得ることはできません。当然ながら，内省の力，客観的に自分の内面をとらえる資質などが効果を左右します。特に子どもで，あるレベル以上の不調がある要支援者の場合，「思わず否定的にとらえてしまう自分をしっかり観察して改善していこう」という支援は，かえって難しくなることもあります。

もう一つの代表的認知行動療法が，快を感じる活動を段階的に増やし，それを阻止する回避的なパターンを減らしていく手法です。これが，本書で中心的に扱う行動活性化（behavior activation）です。

実際のうつ病の要支援者では，**成人でも若者や子どもでも「元気が出にくくする」習慣化した行動ばかりが占めていることが多々**あります。それらはしばしば，苦痛から避けること，何かにハマること，などです。つまり「本当はやりたいのにできない」「ホンネでは止めたいのに止められない」という状態にあります。それらの習慣行動を解消するために，さまざまな支援と介入のオプションが認知行動療法には用意されています。

このような，大きくわけて二つの基本的な技術の両方あるいはいずれかの一方を軸として，悪化をまねいている習慣行動の変容を組み合わせて，徐々

に元気を回復し，かつそれが治療終結後も，適切な生活習慣として持続し再発予防につながるように支援していくのが「（本来の）心のエネルギーが出てこない」方に対する認知行動療法です。

　技術の進化は現在も続いており，新しい理論的展開，技法の発展が紹介されています。最近では「要支援者の認知の内容を適応的なものへと変容する」ことにやや偏重しがちであった点に見直しがなされ，習慣行動の本人の心，身体的機能，環境への影響への影響性をより柔軟にとらえた新世代の認知行動療法も注目されています（熊野，2012；下山・熊野・鈴木，2014）。

　「創始者はこう言った……」という古典の引用に縛られることがなく，ある意味，自動車やIT技術と同じように，世界中で多くのユーザーとデベロッパーが多様なニーズに応じて開発に取り組んで来た結果が，今日の認知行動療法です。その発展に対して，ユーザーつまり実践家には，科学者－実践者モデル（よき実践家であるために科学者としての資質も身につける姿勢）にそって**エビデンスを参照し，常に知見をアップデートさせながら，科学的な評価の目を自らの実践にも活かしていくこと**が求められています（原田，2015）。

　例えばわれわれは，50歳を過ぎたベテランの医師が，30年前に医学部で学んだ知識だけで進める医療行為にはあまり期待を持たないでしょう。どんなに誠実な人柄であったとしても，最新の病理や薬物療法のメリットとデメリットについて30年以上，学ぶ習慣のない医師の医療行為にも不安を覚えます。実際にこんな医師はまず存在しないでしょうが，同じことが，臨床心理学的技術とそのユーザーについても求められているのです。

3. 認知行動療法ならではの困難や症状の理解

　どのようなものにせよ，癖を獲得しやすいのが人間です。人間は他の動物とは違い，本能的に行動する範囲が狭く，むしろ賢くよりよい生き方を獲得しようとする生き物です。しかし習慣を身につけず，さまざまな状況や刺激についてその都度，頭をフル回転させて対応しなければならないとしたら，反応も遅くなり，あっという間に天敵に殺され，自然がもたらす危険にも対

応できません。癖の獲得，無意識の反応の多くは適応のためにはとても重要です。

とはいえ，時代や環境の変化に合わせ，癖は柔軟に調整できた方がさらに適応的である，とも言えるでしょう。世の中の変化が早く激しくなればなるほど，心と体の健康，そして周囲の仲間との平和のために効果的でない癖，それを維持する悪循環はできるだけすみやかに改善できた方がいいのです。そして，**これらの悪循環のうち，何らかの理由，悪条件の重なりで変化が難しくなっている場合を，われわれは症状とか，問題行動とよんでいます。**

たとえば，ADHD（注意欠如・多動症）と診断されかねない，落ち着きのなさや衝動性も，生物としての人間として考えればそれが役に立つ場合もあったでしょう。現在，学校や多くの職場で，あるいはモノであふれささいな信号の見落としが致命的となる状況では，この症状らしい，落ち着きのなさに由来する癖の多くは，できれば減らし，その特性をカバーする習慣の獲得が期待されます。

その改善，悪循環の解消のためには，抽象的な人間観に基づく検証困難な仮説（たとえば，何かが取り憑いたためとか，人間にはもともとそのような本能があるなど）から考えられた儀式的因習的手法よりは，行動科学的知見に基づいて丁寧な検証を加えながら具体的に進めた方が効果的ではないか，というのが認知行動療法の価値観（実証主義，プラグマティズム）です。

過剰な怖がりやこだわりなども，その人の心や人間性にあるとてつもない病理や障害のせい，という見方よりも，さまざまな背景からできあがった悪循環のせい，という見方の方が，要支援者本人もその家族もそして支援者自身も，具体的な支援に取り組みやすくなる。そんな解決指向なスタンスをとりやすいのも，認知行動療法の一つの特徴です。

著者はよく認知行動療法のことを，「本館，別館，……と，拡張したホテルや温泉宿」に喩えます。宿泊客（要支援者）の方それぞれのご希望に対し，より確実でより低コストでの支援のために，技術として発展し続けた結果が，今日の認知行動療法です。最初から，認知行動療法はかくあるべし，という偉人による設計図があって今日に至ったわけではありません。

要支援者の症状，困っていることの分類ごとに，より有効な技術やツール

が用意されている点も認知行動療法の特徴です。本書でそれらについてのすべてを説明することはできませんが，次項より，本書の目的にそった最低限の理論と用語を説明していきます。

4. 行動活性化 (behavioral activation：BA とも)

行動活性化とは，「元気のない」「いきいきできていない」状態にある要支援者が，本来その方が発揮できていたエネルギーを回復し効果的に発揮してもらうことをねらいとした認知行動療法技法です。**要支援者にとって，「(その活動が)できたら快感が得られる」「経験できたら(良い意味で)興奮できる」と期待される活動を，生活の中に無理なく，段階的に増やしてもらう方法のこと**，です。そしてそのような**前向きさを阻害している，いつの間にか要支援者の生活の中に入り込みエネルギーをロスさせている回避の試みを減らしていくことを支援する方法**でもあります。

認知行動療法の中では用語としては比較的新しいのですが，発想そのものの歴史は古く，本章の「2. 認知行動療法はどのように人を元気にするのか」で紹介したとおり，うつ病に対する治療法として注目されていました。行動活性化は，それに勝るとも劣らない効果があり，かつ適用となる対象の範囲は最も広いとみなされています。認知再構成法では，自動思考を振り返る作業が効果的にできるようなれば威力を発揮しますが，かえってその課題の負荷が大きくなる場合もあります。

子どもと若者の「心のエネルギー」の効果的な蓄積のためには，この行動活性化が支援の第一選択となるべきではないか，というのが本書の基本的提案です。子どもと若者の不登校，ひきこもり，という状態の大半は，心と行動の長期的な停滞であり，脱出が困難な悪循環です。その意味で，「子どもと若者のうつ病，抑うつ状態」とも言える場合が圧倒的に多いからです。

昔も今も，心の健康は，環境を変えてみることが回復のきっかけとなります。ただ，環境を変えてみるというのは，しばしば大きな出費，あるいは犠牲を払うことになるので簡単にはできません。しかし，手軽に変える手段があります。それは，要支援者本人が動くことです。**本人が動けば，環境が変**

わり，見える世界が違ってくる。見える世界が違えば，感じ方も気分も違ってくる。それまでとはまったく違った経験と快感を得る可能性が高まります。

　なお，行動活性化では，意識的ないしは無意識的に避けてしまう経験，感覚，それらをもたらす刺激や状況，それにつながる行動からの回避を確認し，それを段階的に小さくするかかわりも重視されます。

　回避のための癖や習慣は，獲得されやすく変容しにくい，という特徴があります。誰でも，苦しい時にどのような手を使うか，どのような対処を選ぶか，誰に（どのような関係にある相手に）どのような援助を求めるか，あるいは求めないか，は，かなり幼いころから身についているものです。

　最近では，マスク依存，つまり必要以上にマスクをつける，外そうとすると落ち着かなくなる，という方が増えています。マスクをつけていることで回避できることは，風邪やインフルエンザだけではありません。顔を隠すことができる，表情を読まれずにすむ，化粧する手間から解放される，怪我や皮膚のできものを隠すことができる，などです。マスクをつけることは，病気だけでなく知らぬうちにさまざまな回避に役立ってしまっているのです。

　不登校や引きこもりも，きっかけは有効な回避の意味があったのかもしれません。しかし，それを継続しているうちに，人との接触や注目にさらされること，責任を負わされたり責められたりすること，自分のプライドや自信を損ねること，身体の危険にさらされること，それまで堅持していた価値観を否定するような事実に直面すること，接近したい衝動や欲求を押さえること，など，さまざまな，回避の効果を持つようになってしまった，と言えます。最初は限定された動機であったのが，多くのことを回避できてしまった末に，もう回避する必要はない，回避しているとマイナスが多い，という状況になっているのに，どうしてもそれを外せない，やめられない，になるわけです。

5. エクスポージャー（exposure：曝露法）

　エクスポージャーとは，エクスポーズ（expose,「さらす」の意味の英語）という動詞がもとになっています。

この方法では，**要支援者にとって刺激が強すぎる，つまり，その人がおもわず，防御的，回避的な反応をとってしまう対象・状況に「さらし続ける」手続きをとります**（接近したがる，嗜癖の対象となる物質や活動，それに関連する刺激に曝すことで，いわゆる依存症の治療のための免疫づけ的な効果を狙うエクスポージャーもありますが，その場合は「手がかりエクスポージャー」という言い方をします）。

　このような説明だけだと，「無理矢理に馴らされるのか」という印象を抱く方も少なくありません。あくまで心理的援助の技法ですから，「無理矢理」ではありません。このやり方を**理解した本人（と家族）に，合意の上で選択してもらうのが原則**です。支援者の役割は，説明して「曝される」ことの意味を理解してもらって納得を得ること，効果的に「曝す」ための準備を支援すること，「要支援者の前向きさ」をささえること，留意すべき点をチェックすること，再発等に向けた助言を行う，などになります。

　スモールステップの幅を小さくして，引き起こされる回避の衝動が小さい刺激状況から，短時間（数十秒から数分）曝していく方法（段階的エクスポージャー）と，最初からある程度，強い回避衝動が引き起こされる刺激状況で10分以上，パニックにならない程度で曝していく方法（持続的／集中的曝露）があります（神村 a, 2014）。

　当然ながら，後者を選べばより短期間で効果を得ることができます。短期間でということは，動機づけが高いうちに効果を確認してもらいやすい，動機づけがさらに維持されているうちに改善をもたらしやすい，ということでもあり，とても有利です。しかし，特に子どもの場合に多いのですが，**この治療の原理を十分に理解して前向きにチャレンジしてもらいにくいときには，段階的なエクスポージャーを選択することになります**（いずれにしても，要支援者側に選択する権利があるので，この点についての説明と合意はとても重要になります。だれだって「症状から早い回復を希望する」ものです）。

　行動活性化には，ほぼ確実にエクスポージャーの要素が含まれます。ひきこもっていた子はしばしば，自宅玄関から出ること，人の少ない時間帯のコンビニで買い物をすることだけでも，強い緊張を示します。まざまな「現実にあり得ない心配」を浮かべたりすることも多いようです。そのような，い

わゆる妄想ではないが妄想的ともとれるような過剰な不安の大半は，長いことひきこもっていたことによって起こる正常範囲の感覚ですが，それに対しても適切な処理を行う必要があります（本格的な妄想が疑われる場合には医療機関で専門的な診断と治療が必要となることを，念のために付け加えておきます）。

6. 漸次的接近 (successive approximation)

　認知行動療法の用語としては，行動レパートリーにないので出現してこない行動を，段階的に行動を形成できるようにするための手続きです。ある行動を増やそうと，周囲が，褒めるとか報酬を伴わせようと準備していても，なかなかその増やしたい行動が観察されない，いくら待っても出現してこないので，増やしようがない，という場合，基準をさげてスモールステップにして行動形成していき，最終的にめざす行動がよく出現するようにしていこう，という手続きのことを意味します。ほぼ同じ意味で，形成化（shaping），分化強化（discriminative reinforcing）という用語もあります。

　漸次的接近は，**主に不安や恐怖，嫌悪を覚えるが要支援者がふたたびそこに接近できるようにしたいという希望がある場合の，現実の場面や刺激を使って接近行動を繰り返していく認知行動療法にほぼ限定して用いられる**ようになりました。形成化はレパートリーにない行動の形成に，分化強化はすでに形成はされているがさらに行動の質的量的な洗練度を高めるための介入に，用いられることが多くなりました（神村 b, 2014）。

　例をあげて違いを説明すれば，単純に「バイオリンを弾く」技術を初めて身につけるのは形成化，さらによい音を出せるようになる行動形成が分化強化，何らかの理由でバイオリンの演奏が怖くてできなくなった場合に徐々に手にして弾けるようにしていくのが漸次的接近です。

　いずれも，より望ましい行動が出現するたびに，その行動がさらに生起しやすくなるように働きかける（「強化」にあたる）ことになります。しかし，接近すること，できなかったことができるようになること，より洗練されることが要支援者の快感になりますので，あえて周囲からの強化は必要ない場

合もよくあります。

　上述したエクスポージャーの効果（回避衝動の調整が可能となる）を利用しつつ，要支援者が，不安や緊張，嫌悪を覚えるために避けるようになった空間に，再び接近していく訓練を「徐々に」繰り返す手続きを意味します。

　「漸」という文字は，数学の関数で学ぶ「漸近線」にあるように，「徐々に」「じわじわと」という意味があります。まさに「じわじわと目標に近づけていくような行動形成」ということになります。

　認知行動療法には，特に行動科学を学ばなくとも誰もが経験的に身につけ得る生活の知恵と言える，ある意味できわめて常識的な手続きが，やや無骨に表現されるところがよくありますが，まさにその典型の用語です。

　心理学には，接近回避の葛藤という言葉があります。ある同一の対象に対して，近づきたい，という気持ち（怖い物見たさ）もあると同時に，やはり近づくのは怖いという気持ちがあるという状況です。一般的には，ある程度その対象と距離がとれているうちは，接近する行動が生じやすい（接近の動機が上回る）。しかし，あるところまで接近してしまうと，逆に，回避したい衝動が接近したい衝動を上回るので，ぴたりと足がとまり，それ以上近づくことができなくなる。これを「接近回避型の葛藤」とよびます。

　不登校の子もしばしば同じです。前の日の夜（距離がある）は，「明日こそ学校に行こう」と思うのですが，朝になると（接近する），「学校は無理」という気持ちになります。多くの不登校はこのような，接近回避の葛藤の典型になっています。学校に接近する場合も，あるところで，接近の動機を回避の動機が上回り，前に進みにくくなるポイントがあります。

　漸次的接近という技法は，このような困難の段階的な解消に，有効な手段です。筆者は，休職するに至った原因となる抑うつなどの症状はかなり寛解したけれども，復帰したい職場に対して強い不安を抱いているという方に対しても，この方法をよく提案し成果をあげています。子どものための認知行動療法は，しばしば，改善が滞っている成人の支援にも効果的です。

7. 機能分析 （functional analysis：行動分析，関数分析，ABC分析とも）

　認知行動療法の中でも特に，行動分析学の流れを強く受け継ぐ用語で，問題行動や症状を理解し，支援戦略を立てるための枠組みを意味します。今日の学校教育や療育，とりわけ特別支援領域においては，中心的なパラダイムです。学習理論では，オペラント条件づけ（operant conditioning）という理論に関連します（鈴木・神村，2005）。

　行動を，その**表面に見えた「型」からとらえるのではなく，それが出現した状況（文脈）でどのような役割を果たしているか，効果を発揮したか**，という点からとらえていきます。

　手をあげる，という動作について考えてみましょう。ある状況では，「発言のチャンスが欲しい」と教師や会議の司会者にアピールする行動であり，発言のチャンスが得られることで期待する成果が得られたことになります。ある状況では，「（タクシーの運転手にむけて）止まってください」を伝えるメッセージで，止まってくれたら成果になります。時には，「ありがとう」を少し離れ声が届かないところにいる人に伝える役割の場合もあるでしょう。その人が同じジェスチャーで返事をしてくれることが成果です。ディスクワークが続き，肩が凝ったのでそれを解消するために手をあげる，という場合もあるでしょう。これはすでに触れた3つの例とはかなり異なって，コミュニケーションの機能はありません。肩の凝りが解消された感覚が生じたら成果です。

　つまり，まったく同じ「型」の動作でも，状況が変われば，それがもたらす成果が異なるというわけです。この成果のことを機能と言います。英語でfunctionですから，関数と訳すこともあります。

　異なる「型」の行動でも，ほぼ同じ「機能」を持つこともあります。

　発言したければ挙手をしてもよいし，直接教師に問いかけてもよい，ということになっている教室では，手をあげることと，「せんせい！」と大声を出すことは，「型」はまったく異なりますが，同じ機能を持っていることになります。

8. 強化 (reinforcement)

　強化とは，ある行動が生じた後にメリットとなる（あくまで行動した本人にとって）環境変化が生じ，それによって**その後その行動が生起しやすくなるなったこと**を意味します。言い方としては，「（その環境変化が）**強化した**」となり，増えた行動からすれば「（環境変化によって）**強化された**」となります。

　もってまわった言い方になりますがお許しください。行動（声をあげる）がある場面で（授業中に）しばしば繰り返されているということは，その環境において何かがその行動を強化していることになります。**行動は強化されているから繰り返し起こり，習慣化します**。このような行動の理解は，認知行動療法の実践においてはとても大切なことです。**増やしたい行動は強化されるようにする，減らしたい行動はすでに強化しているものが撤去されるようにする**，という支援を計画すればよいことになります。ほとんどの心の問題は，行動が出現しすぎる，あるいは出現しなさすぎる，ことでとらえることができます。

　「それは習慣（癖）だから」という説明ですまそうとするのは，認知行動療法の実践においては不十分です。「どうして習慣だと言える」のかと問われれば，「繰り返し生起しているから」と説明することになりますが，これでは循環論になってしまいます。

　強化とは，セラピスト側の「つもり」ではなく，行動が繰り返し生起されていることが確認されて初めて認定されることになります。「強化したのだが行動が増えなかった」という表現は，この強化という言葉の使用法として間違っています。正確には，「（セラピストとしては）強化になるだろうと予測したのだが，要支援者のある行動にとって強化にはならなかった」が正しい理解です。

　「（教師や支援者としては）褒めたつもりだが，子どもの行動に変化はない」ということはよくあります。この場合，「褒めた」事実は確かにあったのでしょうが，「強化した」とは言えない，ということになります。認知行動療法に独特の，**「実際にそこでなにが起こっているのかを重視する姿勢」**は，こん

なところにもうかがえます。「ずいぶん，ねちっこい」との印象が残るかもしれませんが，「認知行動療法による支援をしているつもりだが期待される成果が得られない」という結果にならないためにも，理解として重要なところです。

　なお強化には，**それまでその場になかった快である何かが行動の生起の後に出現したり増加したりした結果の場合と，それまでその場にあった不快である何かが行動の生起の後に消失したり減少したりした結果の場合**，があります。

　前者は例えば，ある行動をとった直後にそれまでずっと普通の表情だった相手の顔に微笑みが出現した（これがメリット）結果，その行動がよく出現するようになった場合などです。この場合を「正の強化（快出現型の強化）」とよびます。

　後者は例えば，ある行動をとった直後にそれまでずっと「不機嫌そうな表情」だった相手の顔が普通の表情にもどった（これがメリット）結果，その行動がよく出現するようになった場合などです。これを「負の強化（不快消失型の強化）」とよびます。

　「正の」でも「負の」でも，**それが強化であれば後に行動が生起しやすくなる環境の変化である**，と理解すると混乱しないかもしれません。この環境変化には他人の言動，表情変化，さらには本人自身の感覚の変化までもが含まれると理解してください。「肩が凝って痛かったので自分で腕をぐるぐる回したら痛みが治まったので，仕事中はよく腕をぐるぐる回すようになった」という場合，「腕をぐるぐる回す」行動は，痛みの緩和という「環境変化」で強化されたことになります。このように，本人の皮膚の内側の感覚（痛み），気分の変動さえ，強化になるのです。「あることを想像したら気分が楽になったので，つらいときはそれを想像するようになった」も，「あることを想像した」行動が「気分が楽になった」変化で強化されたこととして説明されます。

　なお，以上の説明は，厳密にはオペラント条件づけにおける強化，で，「オペラント強化」というのがより正しい表記になります。選考する刺激が行動を引き出すタイプの学習，つまりレスポンデント条件づけにおいても，この刺激と反応の組合せを強める働きかけを「強化する」とよびます。その場合は厳密には，「レスポンデント強化」となります。もちろん，両者は区別さ

れるべきですが，学習をより強める働きかけである，という意味では共通しています。

9. オペラント消去 (operant extinction) とバースト (burst)

それまで，ある行為をとれば即座にあるメリットを獲得できていた習慣行動があったとします（例，授業中に無関係なことを口にすると，教師が注目してくれる）。ところが，ある時を境に，同じ行動，似たような行動をとっても，メリット（教師の注目）を獲得することができなくなったら，どうでしょう。

直ちにその習慣行動（無関係なことを口にする）の出現が減ることは，まずありません。むしろしばらくの間，その習慣行動は「しつこく」なります。生起する頻度は増え，強度（例，声の大きさ）は強くなります。当然，周囲（教師や他の児童）は困惑するでしょう。つい，教師側が先に根負けし，その行動にかかわって（注目して）しまい，元の，困った習慣行動が延々と続く状況のままとなります。

この場合，オペラント消去の手続きに失敗した，より厳密には，オペラント消去の直後に生じるバースト（反応の爆発的増大という意味）によって，オペラント消去が達成されなかった，と理解できます。オペラント消去は，単に「消去」とよぶことも多いのですが，レスポンデント条件づけにおける消去と区別するために，あえてオペラント消去とよぶこともあります。

オペラント消去という方法で，問題行動を減らしていくにはどうしたらいいのでしょうか。これを成功させるには，その後のバーストをある程度覚悟し，しかし深刻な結果にならないよう配慮しながら，できれば消去以外の行動の出現を押さえる方法（物理的に生じにくくする，替わりとなる行動を出現しやすくする）を併用する，ということになります。

バーストがあっても適切にやり過ごすたび，「もはやその習慣行動（無関係なことを口にする）では，メリット（教師の注目）は手に入らない」ことを学習してもらうまで，このオペラント消去の手続き（無関係な発言に随伴した注目は与えない，むしろ適切な態度がとれている時にこそ注目される）を継続する，ということになります。

実際には，オペラント消去によるバーストが何らかの危険のリスクを高めることもあり得ますので（注目獲得のために隣の子を叩く，教室の窓から身を乗り出す，など），慎重に対処し，消去のペースを工夫する必要があります。おすすめの方法は，「声をかけるにしても感情のトーンを落とした対応を継続する」などです。ただし，オペラント消去をしない，ということは，望ましくない，減らしたい習慣行動に延々とメリットを提供し続ける，ということですから，「オペラント消去」の手続きを導入することは不可欠です。

それまでに提供されていたものよりも，行動を起こす本人，つまり要支援者にとって圧倒的に魅力あるメリットを豊富に用意し，問題行動が出現しないかぎり連続してそのメリットが提供される状況としておき，問題行動が出現した直後にだけ一定期間メリットの提供が停止されるという方法（オペラント消去ではなく，次の項で解説される「弱化」の一つにあたる）もありますが，これは通常の教育の現場では実施が困難な場合も少なくないでしょう。

不安などの感情の過剰な表出，泣くとかかんしゃくを起こすこと，家族などに繰り返し「確認」を求める行動などでも，このオペラント消去についてよく理解した上で可能な対応を継続することが重要となります。

10. 弱化（punishment）

ご想像がつくと思いますが，強化（行動の生起に寄与する環境の変化）の反対です。行動の消失に寄与する環境変化のことを指します。強化のところでも確認しましたが，実際に行動が減ることを確認して初めて弱化と認定されます。

体罰によってある行動の生起が抑えられたら，その体罰は弱化にあたります。たしかに，ある行動を一定期間抑えることだけに限れば有効です。しかし，**体罰による（罰で支配する）行動変容は認知行動療法ではありません**。このことは強調しておきます。認知行動療法の専門家がもっとも困惑させられる，この支援法に対する誤解の一つです。認知行動療法，とりわけ行動分析アプローチの専門家は，体罰に対して最も厳格です。

行動活性化は，基本的に，強化で進めていく手法（ポジティブ支援）であり，直接関連は薄いのですが，重要なことですから，以下に言及しておきま

す。体罰は，以下のような望ましくない結果をもたらします。
　①直後の抑止力は確かに大きいが，定期的に体罰を持続しかつ体罰を徐々にエスカレートさせていかないと，効果は持続しにくい（体罰の依存性）
　②望ましくない行動につながるうらみ反応を，要支援者に残してしまう，仮にそれがなくとも，逆に，いつも怯えて自発的な行動をいっさいとらない，極端に受け身的な行動様式を要支援者に植え付けてしまう
　③要支援者自身が，体罰による他者の行動管理術を体得してしまう，つまり，体罰指導や虐待養育，暴力による支配の連鎖をつくりあげてしまう

体罰，罰則を使わないと，望ましくない行動を減らすことができない，という言い方を耳にすることがあります。そのような意見について，認知行動療法では，以下のような説明が可能です。
　①丁寧な機能分析の上で，適切なオペラント消去と，**望ましくない行動の代替となる行動を形成していくこと**で，望ましくない行動の出現頻度を減らすことができる
　②いくらかでも減らしていくことができれば，その変化を強化することができ，その結果，習慣としての強さは弱まり，さらに，別の行動で置き換えることが容易になる
　③あらかじめ**共有され合意されているルール**に基づいて，望ましくない行動の出現に応じて予定されていた楽しみ（自由に好きなことができる時間）が減る対応を受ける（レスポンスコスト），強化を受ける機会や権利（仲間の前で発言する機会や権利）が一定時間制限されてしまう（タイムアウト），という方法を「おだやかな弱化（負の弱化）」として用いることもできる

以上です。

11. プレマック原理（Premack principle）と　トークン法（token economy）

　強化となるものは，それこそ無数に存在します。とてもすべてをあげるわけにはいきません。

強化となるもの（強化子あるいは好子：reinforcer）は通常，モノか，人間関係によるものか，に大別されます。モノはさらに，飲食物など生理的な欲求に関連するものからさまざまな所有物，そしてなによりお金が含まれます。人間関係については，褒められる，認められる，愛情をかけてもらえる，などがあります。このように，形のあるものだけが強化子ではなく，メールの「既読」がつくこと，SNSで「いいね」の数が増えることなども，強化子になることがあります。

　ただし「注目されること」のように，状況によってあるいは人によっては，快にもなるが逆に不快にもなるものもあります。刺激を受けることが不快で避けようとしたくなるような刺激のことを，「負の強化子」とよぶこともあります（誤解されやすい表現なので，最近では，「好子」の反対として「嫌子」という用語がよく使われています）。

　さらに，強化となるものについては第三の分類があります。この分類は本書のメインテーマである行動活性化に関連します。それは，③（要支援者をある状況で自由にさせておいたら）より長い時間を費やしてやりたがる活動，です。一言で表せば，それ自体が好きな活動，のことです。これについては，言葉で尋ねてもかならずしも正確な答えが要支援者から得られるとは限らないので，できるだけ生活をまんべんなくフォローしてください。自由に活動を選ぶことができる時間，遠慮なく過ごせる時間を一定以上確保し，そこでさりげなく観察を入れ，なにをどれだけよくするかをとらえます。

　学校教育の現場のように，モノによる報酬で強化することが難しい，人のかかわりによる報酬にも限界があるような状況で，さまざまな機会を提供することで行動を強化することができる，という手があること，その際には環境，文脈の設定がポイントになることを抑えて活用できると，支援の幅はとても広がります。

　このほか，トークン（token：代理貨幣）も強化子としてよく用いられます。最近広まっている，さまざまな購入に付与されるポイント，あるいはネット・コインなどはすべてトークンです。もともと貨幣，つまり紙幣やコインも，それそのものはただの紙だったり金属だったりですが，さまざまなものと交換できるという意味でトークンです。もちろんこれらはすべて，価値あ

るものとの自由な交換が保証されていることが重要です。

　子どもを対象とした支援の場では，よくシールなどをトークンとして行動形成のための強化子として利用することがあります。上述のように，本来は「集めたら好きなことと交換できる貨幣的価値」が前提でなければトークンとは見なしにくいのですが，シールはしばしば，多くの子どもにとって，それ自体がもらって嬉しいモノにもなるようです。ただしその場合でも，常に同じ魅力を喚起できているか，マンネリ（飽和による魅力の低下）になっていないかのチェックが大切です。

　認知行動療法を勧めるセラピストとしては，動機づけに影響するさまざまな効果を常に把握しておかなければなりません。セラピストとの関係性も重要ですが，治療関係にはさまざまな副作用やリスクがあることを知った上で，それだけに頼らないことも必要です。

　トークンと交換可能なモノ，機会や権利のことを，バックアップ強化子（backup reinforcer）とよびます。複雑な一連の行動を一気にできるようにならないと強化されないのでは，複雑な行動を形成するのが難しくなるので，細かく強化する必要があります。チョコレートが大好きな要支援者が強化子としてたくさんのチョコレートをもらって食べたら，さすがに飽きてしばらく食べたくなくなるでしょう。飽きるということは，強化子としての役割をはたさなくなるということです。ところが，「お金にはもう飽きた，もうしばらく目にしたくもない」という人はいません。このような理由から，トークン法は心理的支援の場に限らず，広く使われています。

　この方法について学校現場では「子どもの内発的な好奇心が伸びなくなる」という批判もありますが，そのような場合もあるという程度の理解でよいと思います。そのような批判をする方でも，しばしばお財布の中にポイントカードがあったりするからです。社会でもそのようなシステムが知らず知らずのうちに浸透しているのです。

　多くの習い事は，子どもの内発的動機づけではなく，まずは習い事をさせたいという保護者が提示するご褒美がきっかけとなります。その後の継続は動機づけが内発的になるかどうかで左右されますが，それは子どもの行動形成に活用できるのです。

12. 時間割引（time discounting）

　この言葉は行動経済学の用語です。行動経済学とは，人の心の合理的でないところ（まさに心理学の研究対象）を経済活動に関連して明らかにしていく学問です。経済的活動だけでなく，生活の習慣の改善，人の健康行動そのものの本質にかかわる重要な示唆を含んでおりますので紹介しておきます。

　ある時，ある大学の先生（付き合いも長く十分に信頼できる方）から，「1日で1万円の研究室の引っ越しのアルバイト」を依頼されたとします。ちょうど日程も空いていたので，引き受け，順調に作業も終わり約束のバイト代をもらうことになりました。そこで依頼主の教授がこう言ったとします。「さて約束通り，『今日この場で1万円を現金で』受け取ってもらうことでよいのだが，実は，今日でなく『1カ月後に銀行振り込みで1万1千円』を受け取ることもできます。どちらを希望しますか？」と。この場合，多くの人の判断は「今日の1万円」に価値を置き，その方を選択するのです。これは，（価値の）時間割引（双曲割引とも）とよばれています（大垣・田中，2018）。

　1千円というのは，決して無視できる額ではありません。そうであれば，今日明日，食べていくにも困っているわけでなければ，1カ月くらい待てそうなものです。

　では，先の例で初めから『今日この場で1万円を現金でお渡しする』のは不可能で後日振り込みになることがわかっていたとして，教授が次のように言ったとしたらどうでしょう。

　「ありがとう。さて約束通り『1カ月後に銀行振り込みで1万円』を受け取ってもらうことができます。ところで実は『2カ月後に銀行振り込みで1万1千円振り込まれる』という選択肢もあります。どちらを希望しますか？」と。この場合だったらみなさんは，どちらを選ぶでしょうか。

　先の例でも後の例でも「1カ月受け取りが先になることで1千円多くもらえる」は同じです。しかし，冷静になる前の判断では，先の例だと「今日のうちに1万円」を選びたくなるけれども，後者の場合だったら「2カ月先の

1万1千円」を選ぶ方が，かなり多いことが明らかになっています。

　結論はこうなります。**人は，基本的に待つこと，遠い先の報酬を額面通り（1万円にプラス1千円）ととらえるのが難しいようにできている**。逆に言えば，「今すぐ享受できるメリット」には大きな価値を覚え，ついつい，合理的な判断（1カ月待つだけで1千円多く手に入る）ができず，むしろ，非合理な判断をしてしまう，ということです。**人は「今すぐ手にできる」メリットに弱い**，ということで，「先にあるメリット」は，「先にある」分，価値を低く見積もってしまう，という言い方もできます。

　健康や社会的な適応にかかわる生活習慣の問題は，すべてこの原理があてはまると考えられます。「タバコ1本を吸うことで，14分ほどの寿命が縮む」ことが科学的に明らかであることを知っていても，「今こそ吸いたい！」を優先した行動選択します。「お酒は一次会まで，二次会では明日の仕事を考えてノンアルコールで」と考えていてもつい気がつくと，日付を超えた三次会でも強いお酒を飲んでしまい，翌朝には二日酔いで苦しむとか。

　これは人類がチンパンジーと共通の祖先から進化した後のおよそ700万年の歴史の中で，「いま目の前にある利益を手にしなければ将来の保証などどこにもない」時間があまりにも長く，契約というものがあてにできるようになった歴史，食べ物や貨幣（財産）を蓄えることができるようになった歴史などはほんのわずかであることを考えれば，あたりまえとも言える特性です。

　まだ人生の経験が短い，話はさんざん聞かされるけど実体験がない子どもや若者に，「今頑張れば，将来楽しいことがまっているのにどうしてそれができないのか」を説いて，そのとおりに実行させ続けることは，かなり無茶な戦略であることがよくわかります。大人はかつて自分ではできなかった判断を，子どもに押しつけてしまうのです。

　「自分の今は，将来を見据えて努力した結果であり，今の若い世代にもそれは通じるはず」とうのは，少々あまい見通しです。実際に，学業でもスポーツや芸術芸能の世界でも，血のにじむような，石にかじりつくような忍耐で大きな将来の価値を手にしている方がたくさんいます。しかし，それらの経過をよくよく伺うと，最初から遠い先の栄光だけが励みになっていたわけで

はないようです。

　長距離走でよく,「せめて次の電柱まで」「次はあの角まで」というように,比較的目先の目標,それをクリアした際の喜びで,頑張りが維持され,さまざまな展開の末に,大きな目標を達成できたという話を聞きます。また,大きな目標を常に掲げていたのが原動力となっていたという場合でも,大きな目標に近づいているということを示す何らかのサイン（模試での成績,周囲からの賞賛や自分自身での気持ちの高揚など）が,強化となってつながっているはずです。また,その活動そのものが楽しい,という状態になれたことが一番大きいでしょう。

　不登校や引きこもりの若者に,時間的に遠くにある目標を具体的に持てなくとも嘆く必要はない,というのが筆者の考えです。むしろ,足下の,目の前の達成に伴う強化,その努力の内容,あるいは課題に取り組む活動そのものが快感である,という状態を周囲がどう提供できるかどうか,にかかっています。

　たとえば「教師になりたい」という目標の達成のためには,大学に進学して単位を集め,教育実習をこなして難関の採用試験を突破しなければなりません。時間的に先にある目標で頑張りが利く特性が不可欠のように見えます。ただしこのプロセスも,実際には,勉強したらわかるようになった,友だちに教えてあげてよろこばれた,親に自慢したら喜んでくれた,もちろん先生にも認めてもらえた,偏差値が上がった,目標が近づいたと自覚した,教育実習はつらかったけど子どもと仲良くなれた……という強化の連続で成立しています。

　要支援者の中にどれだけの動機づけがあるかどうかは,セラピストとしてどうしても気になってしまうものですが,それにとらわれ,その不足を嘆き,その不足こそが改善しないことの原因,というような思いにかられやすいと,支援技術そのものがとても不安定になります。

13. 価値 (value) と動機づけ

　最近の認知行動療法は,価値を重視します。ここまで解説してきた中で感

じていただければありがたいのですが，認知行動療法を進めることは，ある行動を選択することにどのような強化が随伴するかであり，そのために要支援者本人がどのようなことにどれだけ価値を置いて生きているか，それにストレートに手を延ばし適応的な生き方につながるようにするには，環境がどのようになっていれば望ましいのか，望ましい環境が提供されにくいのはどうしてか，などを分析することです。

　ネズミやハトや，イヌなどの動物を対象に，その好物を使った基礎的研究が出発点ですが，言うまでもなく，人間を対象とした支援では，食べ物の好物の操作ですすむことはあり得ません。

　多くの人はなぜワイドショーで，しかもどちらかと言えば，他人の不幸のネタに注目してしまうのでしょうか。そこにも何らかの価値があるはずです。その一方で，人助けのために自らの命を犠牲にしたストーリーにも感動を覚えます。人から注目されたい，無視されるのはつらい，という気持ちもあれば，人から注目されると困惑するのでそのような場を避けたい，という気持ちもあります。これを矛盾と言ってよいのかわかりませんが，このような複雑な価値観を持つのが人間です。心理的援助も，その矛盾に寄り添う必要があります。

　ある社交不安症の方は，なるべく人から注目されないように生活していますが，その気持ちを，好意的に注目されることは決してないだろうから，と説明しました。「（好意的に）注目されたいがために生きている」のか「注目されないために生きているのか」，よくわからないですね，と自嘲して語ってくれました。

　このように，一見して矛盾する，対立するような価値観から，さまざまな動機づけが生じ，ときに多大な犠牲を払ってまであることに接近しようとし，ときに徹底的に回避してまるで回避するために人生を送っているかのような状態に陥ることは決してまれではありません。むしろそれが人間らしさです。

　あるパニック症の方は，「このままここで死ぬんじゃないか」というような恐怖発作が怖くて仕事をやめひきこもってしまっているのですが，「こんな人生なら生きていても仕方ないから最近は死ぬことを考えている」と語りました。

段階的な課題をあれこれ工夫しながら，このような，矛盾とも言える心の状態，習慣行動の状況の迷路から，少しずつ抜け出せるように支援するための手引きが，認知行動療法です（鈴木・神村，2013）。

　動機づけのコツについては，多くの専門家が感心をよせるところです。動機づけ面接（motivational interviewing：MI とも）という認知行動療法とも関連が深い面接テクニックは，ひろく注目されています（原井，2012）。ごく簡単に解説すれば，「この行動を選択しないとあなたは人生を楽しめませんよ」といった脅し，あるいは専門的な立場から知識を提供して行動選択を迫るような言葉かけで行動変容，行動変容のためのプログラムに参加することを促すのではなく，より受容的で，本人の中の葛藤，抵抗をやわらかく包み込むような対話で，要支援者の前向きで，自分が本当に大切にしたい価値にあった行動に向かう態度，発言を形成し，強化していく手法のことです。

　本書の事例介入編では，「動機は外から注入するようなものではなく，すでにある動機を引き出すような，染み出してくるのを促しつつ待つようなかかわりが重要である」という趣旨の説明をとっていますが，まさにそれは，この動機づけ面接がねらう方向でもあります。この動機づけ面接そのものは，認知行動療法ではないのですが，最近は，この二つをセットで学ぶセラピスト研修はとても人気です。今日の対人援助技術において，最強の組み合わせと言えるでしょう。

　以上が，本書が扱う，行動活性化により，不登校，ひきこもりのリスクがある子の支援，その予防につながる認知行動療法技法のミニマム・エッセンスです。

　認知行動療法については，誰かが強いプレッシャーをかけ続けないと達成できない支援方法でもなければ，特定の誰かが原因となりそこに変化が生じないと成立しない方法でもない。別の言い方をすれば，システム論に立つ解決指向的なアプローチです。

　詳しくは，もう少し専門的でかつ包括的な説明がなされている文献をご参照ください。

参考文献

Beck, J.S.（伊藤絵美・神村栄一・藤澤大介訳）（2015）認知行動療法実践ガイド：基礎から応用まで　第2版―ジュディス・ベックの認知行動療法テキスト．星和書店．

原田隆之（2015）心理職のためのエビデンス・ベイスト・プラクティス入門―エビデンスを「まなぶ」「つくる」「つかう」．金剛出版．

原井宏明（2012）方法としての動機づけ面接：面接によって人と関わるすべての人のために．岩崎学術出版社．

神村栄一（2014a）学校でフル活用する認知行動療法．遠見書房．

神村栄一（編）（2014b）認知行動療法実践レッスン―エキスパートに学ぶ12の極意．金剛出版．

熊野宏昭（2012）新世代の認知行動療法．日本評論社．

三田村仰（2017）はじめてまなぶ行動療法．金剛出版．

大垣昌夫・田中沙織（2018）行動経済学新版．有斐閣．

坂野雄二（1995）認知行動療法．日本評論社．

下山晴彦・神村栄一（編）（2014）認知行動療法．放送大学教育振興会．

下山晴彦・熊野宏昭・鈴木伸一（2017）臨床心理フロンティアシリーズ　認知行動療法入門．講談社．

鈴木伸一・神村栄一（2005）実践家のための認知行動療法テクニックガイド：行動変容と認知変容のためのキーポイント．北大路書房．

鈴木伸一・神村栄一（2013）レベルアップしたい実践家のための事例で学ぶ認知行動療法テクニックガイド．北大路書房．

介入マニュアル編

第3章

解説のための事例の提示

> **この章をざっくりと……**
>
> 介入マニュアル編の具体的な解説のために，三つのモデル事例を用意したので，その概説をここで紹介する。小学生男子の不登校でゲーム依存気味，関係トラブルをきっかけとする中学生女子の不登校，そして大学生男子のひきこもりで留年を繰り返し，発達障害も疑える事例，である。

　本書は，認知行動療法やその一つの手法である行動活性化の手続きを，不登校やひきこもりのお子さん，若者の支援において解説するものです。3章以降では，そのマニュアルにあたります。それらの理解を具体的にイメージできるように，また，バリエーションがつくように，少々よくばりですが，三つのモデル事例を紹介します。

　できれば，三つすべてに目を通していただきたく，続く解説や支援のマニュアルをお読みいただきたいのですが，お忙しい方は，どれか一つの事例にしばっていただいてもかまいません。

事例①
小6のA太：小4時に不登校⇒小5の後半から回復

　現在，小学校6年の7月を迎えた，A太（男子）の事例です。A太は小学校の4年の10月ごろから欠席が目立ち始めました。家庭環境は，会社員の父親，同じくフルタイムで働く会社員の母親，3才年上で中3の姉，の4人家族です。母親の実家が比較的近所（同じ小学校区内）にあり，しばしば

祖父母が支えてくれています。

　Ａ太の性格を一言で言えば，やさしくおとなしいが不安が強い，です。母親によれば「Ａ太の心配性は母親に似」た，「父親に似て活発，勝ち気な姉とはまるで正反対」とのこと。すぐ近くに同じ学年のＯ次郎という仲良しがいて，小学校2年まではクラスも同じでした。小3でＯ次郎とはクラスが分かれ，新しい編成となったクラスの環境に慣れず，小3の4月と5月であわせて10日ほど欠席しました。

　この時は，母親が自家用車で送迎するなどして登校を支えましたが，腹痛や頭痛を訴え，近くの祖母が迎えにきて早退するという日も多かったそうです。学習の遅れ，不登校の長期化が心配されましたが，ようやく慣れてきた女性の担任との関係が安定し，個別指導の塾で算数に自信をつけ，小3の夏休み前には，登校が安定しました。それにつれて，クラスの中にも仲良く遊ぶ仲間ができました。小4でクラス担任が変わり，また，転校生でとても活発な男子が加わった影響で仲よし関係も変わってきて，Ａ太はしばしば，からかわれたり，はずされたりする対象となりました。肥満傾向があり運動が苦手なこと，仲間の軽口を深刻に受け止めがちなところ，くよくよするところがかえって仲良し男子からのからかいの対象となってしまいました。

　小4からの担任は，学力向上には熱心でしたが，子どもたちの人間関係にはあまり気配りしないタイプで，Ａ太の不安の訴えにも，「気にするからよけいからかわれる，気にしないようにすべき」と逆に指導されてしまうようなことも何度かありました。小4の10月から体調不良の訴えでの欠席が多くなり，再び，母親の送迎による登校が増えてしまいました。

　そのような中，クラスの委員決めで，男子が嫌がる役割を多数決で押しつけられる出来事があり，家で「クラスが楽しくない，つらい」と口にし，冬休み明けからほぼ，連続不登校になってしまいました。家ではゲームやネットで過ごすことが多くなり，学力の低下も心配した両親が，個別指導塾から家庭教師にきりかえたこともあり，外出はほとんどなくなりました。両親が外食や買い物などに誘っても，嫌がるようになりました。担任の家庭訪問を受けても，顔を出したがらないようになりました。終業式も出席できないまま小4が終わりました。5年からの新しい担任が4月の始業式前から家庭訪

問をして，出席できなかった始業式の当日にも，幼なじみのO次郎と同じクラスになっている名簿などを持ってきてくれたりしたのですが，登校できない日々が続きました。小5の12月まで，学校内に入れた日はほとんどありませんでした。

　行動活性化による，「心のエネルギー」の蓄え作戦が開始されたのは，小5の11月からでした。市の教育相談センターに母子で継続して通い始めたのをきっかけとして（最初は，A太のものすごい抵抗にあいました）小5からのクラス担任が，この相談センタースタッフとの連携をよくとって，少し積極的にかかわられたことも効果的でした。実はAについては，発達障害あるいは愛着障害の疑いがあるのではないか，という，小学校に派遣で訪問したある専門家の意見もあったのですが，結局，それは「いまの段階で診断をあせる必要もないだろう」と保留にされました（再登校の段階で再度検討されました）。

　「深刻な発達障害にはあたらない，愛着障害も根拠がない，あるとすれば，もともとの不安傾向は影響しているが，そのためにも，学校からの『無理はしないが放っておくこともしない』支援が有効である」「このまま，ネットやゲームに依存した状態が続いてもよい見通しは立たない」という判断のもと，教育相談センターと担任はじめ学校のかかわるべき教員の支援，そして保護者の理解で成果を得ることができたのです。

　小5の2月には保健室と別室への登校がかなり安定してきて，3月には教室での活動にも参加できるようになりした。小6では，クラス替えもなく担任もそのままでしたが，4月から教室への登校が可能となりました。

事例②
中2のB美：中1のグループ内トラブルで不登校⇒中3から教室復帰

　現在中学校2年の10月を迎えた，B美（女子）の事例です。小学校までのB美は，活発でクラスの中で，もっとも明るく騒がしい女子グループの中心にいました。中学校でも同じ小学校から進学した女子の中の，スポーツなどよりは芸能関係の話題に関心があるようなタイプの子の中のリーダー的存在で，小学校の時からポスターのモデルを依頼されたりしていました。と

ころが中1の夏休み明けから、クラスで孤立するようになり、10月ごろから、体調不良を理由とした欠席が目立ち始め、冬休み明けは連続して欠席が続きました。

　B美の家庭環境は、会社経営をしている父親、父親の会社の事務仕事をパートタイム的に手伝う母親、父親の経営する会社を興して第一線から身を引いている祖父（母の実父）、祖母、2才年下の弟（小6）、の6人家族です。B美の性格は幼い頃から積極的でリーダーシップを発揮する、弁も立つし小柄だがハキハキしていて、容姿も「自然と人気が出てかわいがってもらえるほどに」恵まれていました。普段は忙しい父親も、できるかぎり時間をとってかわいがっていました。ただし、そんなタイプの女子によく見られるエピソードかもしれませんが、スポーツ活動に夢中になるまじめなタイプの女子のリーダー格の子との間に、「自分勝手」といった印象を残す、微妙なトラブルも多かったとのことでした。

　小学校4年の冬には、「相手が不快に感じる言い方をやめなさい」と当時のクラス担任（50代女性）から注意されたことが納得できず、学校を20日ほど休んだことがありました。「いつも強気なようで意外と繊細なところ、そして何より頑固なところも父親にそっくりで」とは、この時期、母親がよく相談していた教頭にこぼしたつぶやきでした。担任が誤解を解いたり、仲間がかわるがわる遊びにいったりする中で、小4のうちに、再び登校できるようになって、以前の関係に戻ったそうです。

　小5から小6は、うまく個性を認める人気の高い男性教師がクラス担任となり、大きな不調もトラブルもなく、デザインのセンスを発揮できる活動などでも活躍し、卒業することができました。中学校へも、特に懸念する点のない明るいタイプで家庭的にも安定している、との申し送りでした。

　中学校では、小学校の仲良しの友達と一緒に美術部に入り、クラスでもやはり芸能関係の話題でよく盛り上がるグループを形成し、その中心的存在でした。夏休み明けのある時期、仲良しグループの中のある女子が付き合いはじめていた男子から直接、メールアドレスを教えてくれるように頼まれ、気軽に教えてしまったことが発端で、「B美は自分がされたら嫌だとすることを、平気で他のメンバーにしている」という攻撃を受け、グループの仲間か

ら糾弾される出来事が起こり，それ以来，孤立するようになりました。
　クラス担任がその異変に気づき，グループの女子生徒にいろいろ説きましたが，「B美は今まで，自分だけは特別」とふるまってきたがその態度はもう許せない，という反応だったため，B美のプライドもあり，孤立した状況はなかなか改善せず，次第に，腹痛や頭痛を訴えて保健室利用が増え，部活動も休みがちになっていき，ついには欠席が目立ちはじめ，中1の冬休み明けは，連続不登校となりました。
　家庭では，体調不良のために朝，起きることができず昼ごろから，家の中で飼っている犬と遊んだり，芸能やおしゃれ関係のことに夢中になっていきました。担任の家庭訪問も受け入れなくなり，学校への登校は，期末試験を別室で受けただけで，中1は終わりました。中2になり，B美がわりと得意である国語の教科担任の若い女性がクラス担任になったのですが，やはり，生活のリズムは夜型になったままでした。中1の3月にまずは母親からカウンセリングを受け始め，B美もカウンセリングに通うことになり，中2の4月からも登校はできませんでしたが，カウンセリングは受け続けることができました。そこで"心のエネルギー"を溜める支援を受け，中2の夏休み明けから，学校内の別室への登校が開始されました。
　そして，中2の3月には修学旅行にも参加することができ，それがきっかけとなり，中3からはクラスに復帰して，授業を受けられるようになりました。

事例③
大学生ひきこもりのC介：就活に失敗し留年ひきこもり⇒就活再開
　現在大学4年（4年生大学の4年だが3年卒業が遅れているので入学以来7年目にあたる）でいよいよ卒業，そして4月からの就職が内定しているC介（男性）の事例です。出身の首都圏とは200キロ以上離れた，地方国立の理系学部に，高校卒業後1年間の浪人生活を経て進学しました。アパートに一人で生活をしながら通学しています。家庭環境は，中学校の教師をしている父親，高校で音楽の非常勤講師を務める母親，二人の姉（それぞれ大学卒業後家を出て社会人）の5人家族です。
　中学校卒業までのC介は，何度も学級委員や生徒会役員を経験するような，

まとめ役のタイプで，運動部の部活動にも意欲的で，本人の表現によれば「クラス担任にとって便利な子」でした。中学校卒業までは，学校を多く休むようなこともなく，いわゆる不適応は経験しませんでした。しかし，高校2年の終わりから3年の夏にかけて，部活動のキャプテンとしての役割について悩み，部活動の顧問，クラス担任，そして両親にはかなり心配をかけたと後に振り返っています。この時期は，ストレスの影響か，腹痛などを起こしやすく，心療内科では安定剤の処方を受け，成績も下がったとのこと。「順調であれば1年浪人することはなかったかもしれない」という言い訳がありました。

進学した大学は，ほぼ希望にかなったもので，ボランティアのサークルに入り，福祉に関連した器具機械の開発にかかわる将来を夢見るようになりました。そのサークルで，活動方針を検討する中心メンバーに参画するよう誘われ，そこまではよかったのですが，少し経つと，「知識がない」「障害がある人の理解がない」「上から目線の見方がある」といった批判を受け，それを理解することもかわすこともできず，かといって，中心メンバーから距離をとったり退部することもできないまま，ストレスを抱えることになりました。

また，英語試験で高得点をとるという入学前からの目標が思うように進まない，さらには片思いから思い切って告白した女性との交際がうまく続かない，といった挫折が重なり，徐々に授業に出席できない状態に陥りました。2年の前半は標準の取得単位の1割程度しか取得できず，3年からのゼミも，第一希望とは異なるところにしか所属できないことになり，4年での卒業がほぼ絶望的な状態で4年目を迎えました。大学院への進学も結局あきらめ，卒業が見込めないことから就職活動もせず，打ち込めるものも見つからない状態のまま，アパートにひきこもりとなり，ネットとゲームに依存する状態になりました。

連絡がないことを心配した両親が何度か訪問したりしましたが，ネットカフェに逃げたり顔を合わせないことが多くなりました。

同じ時期に入学した学生の多くがキャンパスを去った5年目の春から，いくらか動きやすくなり，学生相談のカウンセリングを受けはじめました。5

年目の春は，ゼミや卒業に必要な授業にもしっかりと出席し，卒業研究にも取り組んでいたのですが，6月の公務員試験に不合格となってから，意欲を失い，ふたたびひきこもりの状態に陥り，ネットやゲームに依存し，昼夜逆転する状態となりました。

大学5年目の秋から，学外で"心のエネルギー"を溜めるための支援を受けることになりました。そのきっかけをつくったのは，両親でした。まず，ゼミの指導教授にも協力してもらい，卒論のテーマは決まっているので，3カ月集中すれば完成できる（ただし，そのレベルでは大学院進学の推薦は無理だが），という目処を立ててもらい，進学は当面あきらめるとして，1年かけて生活の立て直しに努めました。

アルバイトも経験し，充実した大学6年目を送ることができたので，6年目のおわりごろから，3学年下の大学3年生と同じように就職活動を進めることとなり，7年目には，内定の確保，卒論の完成，アルバイトや社会に出る活動が順調にいき，大学を卒業することができました。

いままでは自宅から通える企業に，順調に通うことができています。

以下の介入マニュアル編では，これらの事例における支援を具体的に紹介していきます。

第4章

動機を引き出し関心事の情報を集め 行動活性化を準備する

> **この章をざっくりと……**
>
> 　認知行動療法の初回（初期）の面接では，情報の収集，関係の構築，心理教育と動機づけが中心となる。要支援者との良好な関係は重要であるが，それが支援の目的ではない。行動活性化のプランがあればなおのこと，初回（初期）の面接時から，「快を得られる（得られた）活動と関連すること」について情報収集していく。それらを含めて語ってもらうことが，動機づけにつながる。

1. 対象をとらえる技術

　認知行動療法については，バラエティ豊かな「変容のための技術」が注目されがちです。「認知行動療法」とタイトルにある研修会では，「とにかく（不登校の子に）どうすればいいかを教えて欲しい」という切実な要望も少なくありません。

　しかし，効果的な変容のためには，「変容の技術」の前に「支援対象をとらえる技術」がとても重要です。このことは，多くの認知行動療法の解説書でも強調されていますが，現場からのウケはイマイチなようです。逆に，この点をよく理解されている方からはよく，『「とらえる技法」について教わったことから取り組み直してみたら，対応のポイントが自然と浮かんできたので，あっという間に成果を上げられた』などとうれしいご報告をいただきます。

なお，この場合の支援対象とは，要支援者本人はもちろんのこと，今ある状況や過去の経過全体を指しています。現在の状況を理解するためには，過去の要支援者と当時の状況についての情報も重要です。

　「とらえる技術」については，漁師の喩えがわかりやすいでしょう。これから漁船を購入して漁業で生計を立てることになったと想像してください。「広い海で魚の群れをより正確により効果的にとらえるためのハイテク装置」と「網でとらえた魚を船の上に効果的に巻き上げるためのハイテク装置」のどちらにより多く，限りある資金をかけるべきでしょうか。

　後者を選択して前者をケチることは，あり得ないでしょう。

　登校が難しくなっている子を，屈強な男性が複数で「す巻き」にして，無理矢理に教室に連行する，というのであれば，登校の状況の分析など不要です。しかし，そういうわけにもいかないので，支援対象についての状況の丁寧な情報収集と分析，そして要支援者の主体性を刺激することが大切になります。

2．初回の面接の冒頭から情報を集めていく

　一般に，心理的援助の初回（初期）の面接において重視されるべきこととしてよくあげられるのは「良好な関係の形成」です。これは確かに重要です。しかし，心理療法や教育相談ではそれが目的化してしまいがちです。

　経験が浅いセラピストの事例報告によく，面接の初回から数回を，「関係形成を目的とした面接とした」といった記述あります。ラポールの形成，ということでしょうが，これはどうでしょう。よく心理検査の実施でも，冒頭の手続きとして求められることでもありますが，「検査を前にした緊張が完全にとれるまで」検査の中身に移れない，ということはありません。そんなことを期待したら，きりがありません。

　支援におけるスピード感を重視するのは，認知行動療法（あるいは，解決志向の強い心理療法）に独特の進め方かもしれません。このような説明には違和感を覚える方もあるでしょうが，実際には，単なる効率化のためだけではなく，このようなテンポのよさが，他ならぬ要支援者の動機づけを高める

ことができる場合が多いから，です。

　一般には，セラピストの自己紹介の後，「要支援者」にあたる子どもや若者が，どのようなつもりで来談したのか，について，尋ねてみるとよいでしょう。内容はともかく，口を開いてくれれば，それに評価と感謝を伝えます。

　第2章で紹介したとおり，認知行動療法では「強化する」ことで，ある行動（ここでは自己表現）の「自発性」が高まることをねらいます。

　「来談するにあたっての気持ち」について，本人の答えが「けっこう嫌でした」あるいは「別に平気でした」でも，「まあ」とだけ首を動かすだけ，であったとしても「ああ，そうだったのですか」「それはよかった」「そんな中ありがとう」と少し肯定的な感情と軽く感謝（ありがたいという気持ち）のこもったリアクションを即，提供できるとよいでしょう。

　興味関心を示すことも，多くの場合「強化する」にあたります。「私はあなたの今ある困難についてこのように関心があるのですよ」ということが，肯定的に伝わるように，「そんな気持ちがあったにもかかわらず，今日，ここまで来てくれたのですね」「『ほっといてくれ』という気持ちもある中で，こんな天気の中（こんな遠くまで・朝早くから準備して）来てくれたのですね」などとお伝えできるとよいでしょう。

　ほんの少し刺激的に「ここまで『行ってみようかな』という，気持ちになったのはどうしてでしょう？」「最近は，ほとんど家の中で過ごしているようですが，今日は行ってみよう，と思われたのはどんなお考えからですか？」などと尋ねてみるのもよいでしょう。来談の動機につながることを，本人の中で思い巡らせてもらい，さらにそれらを，ポツリポツリとでも言葉にしてもらえれば，それだけその後の展開が有利になります。

　このように，「心の中にわずかかもしれないがしっかりとある『家から出かけて以前のようにいろいろなことを経験したい』という気持ちや動機」を刺激してそれについて表現してもらう，という動機づけを刺激するかかわりはとても有効です。

　セラピスト側の面接が順調に継続するか，セラピストのことを好意的に思ってもらえるか，といったセラピスト側の不安が影響すると，初回の来談と今こうして面接に臨んでいることについて，「緊張していないか，嫌悪的

な気持ちはないか」ということを確認したい衝動におそわれます。すでに目の前に本人が来て座ってくれているわけですから，「緊張も警戒心もあるだろうがそんな中で今ここにいてくれているのはどのように考え，どのような気持ちになれたから，なのか」を教えてもらえたらありがたいことです。

3. 協同して取り組む関係の形成

　心理療法を超えた一般論になりますが，「良好な関係ができあがることを主たる目的としたやりとり」でできあがった人間関係ほど，脆くて危ういものはありません。

　互いに深く信頼できるような関係は，むしろ，「共通の目標をもって作業に従事した」後にできあがるものです。通常の恋愛でも一般には，「おしゃれなお店でナンパした／された」のがきっかけで親しくなった関係よりも，「あるプロジェクトを協力してやりとげた」中でできた関係の方が，より安定したものになるでしょう。

　信頼感，暖かさが伝わる関係，場の形成のために，初回から「よき支援につながる共同作業」の構築を目指していきましょう。そのために，「このように協力してもらえるとありがたい」とわかっていただく必要があります。「比較的抵抗がなく少しでも具体的に語ってもらえること」を質問で引き出し，そのように教えてもらえた情報が，セラピストとして何よりもありがたくうれしい，とこちらが伝えるチャンスをしかけるのです。

　認知行動療法には，協同実証主義（collaborative empiricism）という言葉があります。平たく言えば，「要支援者とセラピストが力を合わせ，互いに考えを出し合い，どちらか一方がリードするのでもなく，共に現実（あれこれためしてみた結果）から学びながら進めていく」という態度です。認知行動療法の専門家であるセラピストが「こうなのです／こう考え，こうするべきです」と諭すのではなく，要支援者の困りごとを一番よく知っているのは要支援者本人である，というスタンスで，対等な関係を維持し，効果を共に検証しながら進めていきます。

4. 初回面接で大切にすべきこと

　先に述べた「対象をとらえる技術」, とはつまり「効果的な支援のためのおおまかな見通しの立案（ケースフォーミュレーションとも言います）につながる具体的な情報の収集」のことです。その作業において, 要支援者に「安心して自分を出せる場であり相手である」と思ってもらえる工夫をセラピストは提供していくことになります。

　必要な情報が得られることで, 要支援者が「今抱えている困難, 症状はある程度まで対処が可能であり, 今後の生活についていろいろな展望を持てる」ようにつながる, 要支援者の状況により適した心理教育や提案が可能となります。そのような「希望を抱く」ことが動機づけにつながります。「この商品を購入することで, どのようなよい生活が可能となるか」を考えていただくのと同じで「このセラピーでどのような生活が可能となるか」を想像してもらえるようにするのです。ですから, 要支援者の生活の状況, それをどのように受け止めているかをセラピストが頭に描けるように表現していただくことが大切なのです。

　大多数の不登校の子やひきこもり状態にある若者は, 学校の授業や社会的な活動に参加し, 安心してつきあえる家族でない誰かと親しくなり, 将来にむけて好きな活動ができるようになることをどこかで願っているものです。

　文字通りの意味での「一匹狼」というのは, やりたいことをしっかり持ち突き進んでいる一部の若者の中には見つけられても, 不登校やひきこもりの方の中には, ほとんどいらっしゃらないと思います。

　彼／彼女らに必要なことは, それに向けた希望が具体的な形で持つことができること, そのために障壁となっていることが, 実際にはさほどの障壁ではないと思えるようになること, です。

　何も,「将来オリンピックに出場してメダルを取ることを目指す」というような, 動機づけ, モチベーションが期待されるわけではありません。学校という, 似たようなことに関心ある同世代の子と一緒に, 将来につながるさまざまな経験を持ち, 自らの資質を磨き, 友達を作って交流し, 自分らしい,

満足できる将来につなげよう，ということを目指すのです。

つまり，要支援者に「最初からなかった動機」を「外側から注入する」というのではなく，ぼんやりと志望する道は閉じられたわけではないし，少し手を伸ばせば到達できるし，楽しみも経験できる，想像を浮かべてもらうことを目指すわけです。

いわゆる初回面接（ケースの受理面接）の，30分ないし50分，長くても90分ほどの間に，支援に必要とされる情報のすべてを手にするのはほぼ無理ですし，その必要もありません。ただし，重要な情報を集めながら，「このように要支援者の方に教えていただくことはとても重要で，かけがえのないことなのです。それを頂戴できれば，それだけあなたの支援が進むので，私（セラピストとしてもとてもたすかるので）」というメッセージが伝わるように面接を進めていく必要があります。

不登校やひきこもりの方は，一般に，社交不安の傾向が高いと言えます。社交不安が高いとは，相手に映る自分が気になる，ついつい，悪く思われてはいやしないか，というマイナスな方向から疑ってかかる，という面があります。ですから，セラピストとしては，積極的に，「いまあなたがお話してくれたことを，私はこういうように理解しました」と要約しながらお返しし，さらにプラス寄りのコメントを添えるといいようです。

セラピストは身を隠す，という態度を勧める心理療法の立場もあるようです。しかし，それは，テンポ良く共同作業を進め，テンポ良く希望を持っていただき，テンポ良く動機づけを高めていただくのには，適していないと思います。

むしろ，「あなたが表現してくれるユニークさに，私はますます関心を抱きました」「その関心は，わたしを元気にしてくれます」というスタンスの方が，その後に行われる，行動活性化のための「どんな活動で快を得られるか」と「どんな経験をひそかにおそれているか」の整理作業が進めやすくなります。もちろん，要支援者には独特のテンポがありますから，あくまでそれを基準値として，ということになります。

5. 事例の解説：① A 太の場合

　事例①の A の初回面接は，母親と父親が同伴しました。最初から子どもだけ，とか，最初から子ども本人と保護者を別の部屋でというのは，いずれも「やりとり」が見えないという意味で，また，効率やスタッフのコストの点で，「もったいない」ので筆者はできるだけ，少なくとも最初は合同面接という方法をとります。

　時間は短くてもよいので，最初は，セラピストと当日お見えになった方全員（家族だけでなく，紹介者，たとえば学校の先生や支援施設のスタッフの方が含まれる場合もある）にそろっていただき，それぞれを紹介してもらうことが多いです（もちろん，例外はありますが）。そうすると，要支援者の今ある状況に関連した情報，情報をいただくきっかけが得られやすくなります。

　もちろん，小学生でも，自分一人で話せる子はいますが，それが可能であるようなら，最初から本人に語ってもらいましょう。親が中心になって説明しようとするのをセラピスト側でさまたげる方もいますが，できるだけこちらからは制限も指示もせず，お見えになった方々にお任せしてみてください。ただし常に，「困難と症状があるとされた」本人にセラピストが向かい合って，まなざしを向け続けるとよいかもしれません。姿勢とまなざしで，セラピストはこの中で誰を最優先に支援しようとしているか，伝わるようにします。

　事例①では，初回面接（受理面接にあたる）の 50 分間，本人と両親が同席のまま，情報の収集と整理を行いました。一つ一つの情報についてセラピストは，「……ということだったのですね」と要約し，A 太本人に確認しました。そこでは必ず，本人の目を見て言葉と声の調子と表情，姿勢をセットにして行いましょう。そこでの反応や返事に，セラピストが何か，違和感やひっかかりを覚えたら「あれ，ごめんなさい，少し誤解して受け取ってしまいましたか」「私の理解が少し違う，ということがあれば，遠慮なく教えてくださいね」「とりあえず今日は，A 太さんが困っていること，これまでの大変だったこと，心配していることなどを正確に理解したいと思っています」

と伝えて，確認します．最初の協力を求めるのです．

　複数の保護者がお見えになる，よくあるのは両親そろってですが，その場合は，どちらかがメインの説明係となります．その発言の量の偏りを無理に制することもしませんが，発言が少ない方の保護者にも目を配り，何より困っている本人を主体において，動きがあれば「そういうことなんですね」とか「それはお父さん（お母さん）もご心配されたでしょうね」「お父さんお母さんは，そう思われたみたいだけど，肝心のＡ太さんはどうでした？」などと話を「ふって」みます．

　小学生の高学年児童でも，10年ほどの歴史があることになりますので，「参考までに」と断って，出産のころからの成長の経過をひととおり伺ってみましょう．不登校やひきこもりのケースでは，高い確率で，いわゆる「登園渋り」のことが話題になります．当時の様子とそこからの解消の工夫や経過は参考になります．Ａ太の場合は，母親からの「保育園があまり楽しそうでないところは表情や態度から感じましたが，はっきりと行きたくない，と言葉にすることはありませんでした」との説明が印象的でした．

　続けて母親が，「近所のに住むこの子の祖母がとてもかわいがっていたので，『保育園でなく，おばあちゃんのところにいたい』って言い出すんじゃないかと心配していましたが，そういうことはなかったです……そういう気持ちがあった？　覚えてる？」と隣のＡ太に向かってたずねました．Ａ太は照れくさそうに，「忘れた」「別になかったんじゃね？」と答えてくれました．それが，その後もよく出てくる口癖の「別に」の最初でした．他人の心に関心が薄いタイプでなく，気を遣おうとする中でどうしたらよいかわからなくなるタイプとうかがえました．

　最近は，発達障害，その疑いを重視する見立て，診断が，医療機関だけでなく学校や教育相談の現場でも，丁寧に行われるようになってきました．しかし，発達の経過を丁寧に伺わないまま，要支援者（児）の現状，しかもこの1，2年の教室での様子だけをとらえて，あとは，発達検査でも受けてもらえれば診断できる，できるものだと思い込んでおられるような事例報告，事例検討のやりとりが多いようで気になります．

　発達障害の診断のために，たとえすでに成人した要支援者の方であっても，

できる限りその母親に来ていただき，本人よりも母親だからこそ覚えている幼少期の特徴などをうかがって診断する，そういう丁寧な診断をする専門機関ばかりではないようです。

　初回面接の終わりは，Ａ太さんとご両親に向けて，次のことをお伝えしました。セラピストとして，この50分で得た情報をどのように受け止めたか，のまとめです。セラピストの頭の中がなるべくそのまま，要支援者の方，そのご両親に「そのまま見える」ように伝えていきましょう。「Ａ太さんは，よく我慢できるお子さんで，我慢が上手なだけに，余計に苦しくなってしまうことも多かったのでしょうね……。我慢も時には大切だけど，無理なときは無理って言うことも大切だから，そこが課題でしょうか」「でも，決して勉強そのものが嫌い，『残りのこれからの人生でいっさい勉強はしたくない』というわけでもないようなので，小学5年生の男の子らしく関心のあることもあるようですから，それがうまく将来につながるように応援していきたいと思います」「今日は，初めてで緊張もしただろうけど，よくお話してくれてほんとうに助かりました。ありがとうございました」と，これもＡ太さんを中心としてご両親にも伝わるような言い方をしました。

　ついでに，「本当はお父さん，お母さんだけからも，うかがいたかったのですが，今日はその時間がとれませんでした。次回いかがでしょうか，またお二人でＡ太さんをお連れいただくことはできるでしょうか」とお伝えし，もう1度，お父様にも来談していただくことができました。3回目以降は，毎回ご両親がそろって，とはいきませんでしたが，できるかぎり，お父様も来談いただける流れができました。

　ちなみに，2回目は，20分ほど，ご両親だけでＡ太さんには少し部屋の外で待っていてもらう時間がとれました。いろいろ伺って，「発達障害というよりは，気遣いが強く働いてしまう，人間関係において不安になりやすいところがある」「そこを無理せず支えつつ，不安の対処の仕方をせめて最低限必要なだけ，身につけてもらえるような支援を提案したい」「今日のところはそんな印象です」，というセラピストのおおまかな見立てをお伝えしました。「たしかに，性格としてはお母さんに近いのでしょうかね」となかば雑談，かるい冗談のような雰囲気でお伝えしました。ご両親も，互いに顔を

見合って苦笑され,「そうかも知れません」と返事をされました。

　この「家族の中でどなたに似てますか?」の質問からの軽いやりとりは,便利です。ご家族に,「それも個性だし,そのくらいの個性はあってもやっていける」という具体的なイメージを持っていただきやすくなります。特に,保護者の方に,子どもの個性の受け入れを,さらに進めるきっかけにしやすいと思っています。本人に加わってもらってもいいでしょう。

6. 事例の解説:② B美の場合

　事例②では,初回は母親との来談でしたが,同じく概要をうかがって,かなり早いうちに,お母様には席を外してもらい,B美が一番話したい,訴えたいことを聞きました。これは,母親同席の3分間で,母親にはしばらく残っていてもらった方がよいか,早めに席を外してもらった方がよいか,場合によっては,本人にしばらく席を外してもらって母親から先に話をうかがった方がよいか,の判断をつけた結果でした。

　ご家族に一緒に入室していただいた後,3分間での判断,その的確さを高める努力は,セラピストの成長としてとても大切です。そのような判断力を,鍛える方法は,しっかりとその判断を検証できるかかわりをとることです。

　たとえば,その後,本人だけが面接室に残ったら,「やはりお母さんと一緒だと話しにくかったかな,なんか,そう見えたけど……」などと質問してみてください。

　心理士の方にありがちなのは,事例についての仮説についていろいろと頭の中に立てて,それを主治医など支援スタッフへの報告に,これでもかというくらい披露しまくる。しかしそれを継続した支援の中でしっかり検証しながら棄却すべきことは棄却する,というスキルの向上が伴わないタイプです。「仮説のとっちらかし」です。内に向けては積極的なのに,支援対象には表面的な寄り添いばかりの内弁慶。どんな作業でも,仮説ばかりが増えて検証が進まなければ,混乱するばかり,解決から遠くなるのは当然です。

　心の専門家として,「読みがはずれる」経験に,エクスポージャーが必要です。怯える必要はありません。冷静に,どうしてはずれたのかを検討する

ことが，今後のケースの理解と支援，またセラピストとしての成長に役立ちます。

　たとえば思春期のケースでは，保護者同席の初回からかなり「ふてくされている」状態の方も少なくありません。そのような場合は，そのような態度の子どもに対する保護者の反応を見る絶好のチャンスです。そして，そのあとに保護者には席を外していただき，そこでの変化（ないかもしれないですし，時には余計ふてくされるのが強まることもまれにありますが）を観察するチャンスでもあります。このように「おやっ」と思える反応から情報収集をしていく，観察のスタンスをしっかり持つことで，セラピスト自身の不安，軽い動揺もおさまり，落ちついた面接ができると思います。

　結局は，来談される方々がどうあっても，そこからしっかりと情報を集めるという基本姿勢があると，セラピストとして落ちついていられると思います。だからこそ的確な判断ができるのです。それに対し，来談者との関係性に意識のウエイトが高く，関係性のサインに過敏になってしまうと，情報も集まりにくく，情報への判断が歪みやすい，ということは，心理的援助によくあることで，それは認知行動療法でも同じです。

　後の行動活性化のためには，B美の好きなことを，いきいきと語ってもらう，そしてそれをセラピストとして興味深く，ポジティブな姿勢でうかがい，楽しさを共有する，という時間を早期に持てたことは有効でした。B美の場合は，芸能関係のことをよく話してくれました。セラピストとしても，割り切って楽しんでうかがう，というか教わる時間となりました（正直，出てくる固有名詞は，ほぼすべて「聞いたことがない」ものばかりでしたが）。

　「好きなことを好きなように語ってもらう」ことは，行動活性化の展開のためにとても重要なことです。たとえそれが，いろいろな意味でセラピストとしても刺激されねない話題であったとしても，です。たとえば，かなり偏った嗜好の話，家族や友人，特定の教師や同僚への一方的な人格攻撃，あるいは，破壊的なテーマ，いわゆる暗すぎたり，とてもマイナーな世界の話……などです（もちろん，一定のリスク査定，診断の視点は残してください）。

　具体的なツールとして，セラピストは面接の机の脇に，インターネットにつながったタブレットやノートパソコンを置いておくと便利です。出てきた

話題，固有名詞をその都度調べて共有することができます。タブレットですと，相手にも確認してもらいやすいので便利です。

　子どもや若者の興味の世界，サブカルチャーなどについて，知ったかぶりはよくありません。セラピストの中には子どもに教えてもらうのが苦手な方がいます。意識して,「知らないふり」「話が通じないダサい大人」を演じて，要支援者に教ええてもらうことも，関係作りのための一つの策略です。

7. 事例の解説：③ C 介の場合

　事例③の場合では，初回にご両親がいらっしゃいましたが，お互いを紹介し，主訴の確認，相談の枠組みの説明だけで合意を得たので，多くの時間をC介本人だけで進めました。発達障害の疑いはほぼない印象でした。かなり遠くからの来談であったこともあり，保護者の方が毎回お見えになることは難しい状況でした。

　ただし，成人した大学生とはいえ，いろいろと保護者の方に協力いただくことがあるかもしれないので（実際にはほとんどなかったのですが），挨拶と支援のおおよその見通しをお伝えし，連絡方法を確認しました。

　C介については，過去の相談機関からの報告書もあったので，効果的に情報を得ることができ，初回から大学で学んだこと，学びたかったこと，余暇のこと，はまってしまっているネットやゲーム，高校時代から，中学校小学校時代に好きだったことなどを，たっぷりうかがうことができました。これが行動活性化の作業のためのシーディング（種付け：あとで活きるかもしれないかかわりのこと）になりました。

　「そういえば,中学校の時は〇〇に凝っていたって言ってたよねえ」などと，あとに続く面接から話題をさかのぼることがよくあります。たくさんのケースを平行して担当していると，固有名詞情報はなかなか記憶に残らない（すぐに思い出せない）ものですが，この子には，このような好きなことあった，という情報がしっかりと残っていたので，一見して脱線しているかのような会話をすることもありました。

　「なぜかわからないけど好きな活動」「かつてはまったこと」「苦しい時に

も継続できた趣味」「ずっとやってみたいと興味を持っていたこと」「なぜか人一倍に"事情通であるネタ"」などの情報が，要支援者の方の「人生の停滞」を救うきっかけとなります。それを信じて，お話をうかがいましょう。

　要支援者に席を外してもらい，保護者や家族だけの面接には，メリットとデメリットがあります。どうしても保護者の方から伺いたい時には，要支援者にセラピストの希望を根拠を添えて提案する，ということになります。根拠としては，できるだけ正直な内容であることがいいでしょう。もちろん不安な様子があれば「（ご両親だけから伺ってしまうことに）何か気がかりはありますか」と確認してから話してもらうのもいいでしょう。

　保護者の方が思春期青年期以降の年代にある子どもについて遠慮せずに語れる機会というのは，心につかえていたものはき出してもらえるカタルシス効果もありますし，何よりセラピストとして参考になります。

　好きな活動について，本人が何らかの思い込みで（これが趣味，とセラピストに知られたら誤解されるのではないか？　という思い込み）で語ってもらえない場合があります。思春期青年期というのは，些細なことで他人の評価に影響することを恐れる場合がよくあります。それを，保護者から教えてもらえることもよくあります。

　40代男性のひきこもりの男性について，80才近いお父様が「初回だけでも挨拶を」と同席された事例でのエピソードです。面接の終わりで，そのお父様の口から，「小さいころから手先は器用でプラモデルを作る」という情報をいただきました。「そうでしたか」で，終わらせず「へえ，主にどんなものを作られましたか？」とおたずねしたところ「すべてバイクなんです」と教えてくださいました。

　半年後，この要支援者の方と筆者は，一緒に中古バイクの専門店に出かけ，さらに半年後，この方は中古バイクを購入しました。それが，ひきこもり脱出の大きなきっかけとなったこともあります。

第 5 章

動機づけを支えながら行動活性化を進める

> **この章をざっくりと……**
>
> 行動活性化を進めるセラピストには，目の前の子どもや若者が，どのような活動，時間の過ごし方で元気になっていくだろうか，を具体的に思い浮かべることと，そのための想像力が求められる。「試してみなければわからない」「答えを知っているのは本人だけ」とも言えるが，支援が協働作業であるなら，セラピストの側にも，「元気になる仮定プロデュース」する力が求められる。家庭の中で，屋外で使える，さまざまな行動活性化の方法を紹介する。

1. 行動活性化を進めるセラピストとしての自己研鑽

　行動活性化で支援するセラピストに重要なことは，不登校（小学校低学年から高校，大学や専門学校まで）および若者のひきこもりについて，普段からできるだけ多くの事例に触れておくことです。

　もちろん，一人のセラピストとして生涯に直接かかわれる事例は限られますが，できるだけ多くの経験から，「こういう活動で元気になる」「こういうことでも活動のきっかけになる」というデータを集めておくことで支援が有利になります。事例検討会などでは，他のセラピストの支援から学び，少しでもデータベースを豊富にしておきましょう。

　データベースが豊富であるほどなかなか元気が出ない，ひきこもって活動や経験の範囲が狭くなっている，他者との交流が少なくなっている，興味関

心の向かう先がネット，ゲームなど刹那的なものに限られてしまっている，といった子どもや若者が，どのような活動や時間の使い方で「新鮮な快感や充実・達成感」を味わってもらえるか，そのためのきっかにはどのようなエピソードがあるのか，について，考えるひきだしをたくさん持っていることになります。

回復した事例にはかならずその事例にオリジナルの「新鮮な快感や充実・達成感」とそのきっかけとなった「エピソード」があります。「刺激をひかえてみたらいつの間にかエネルギーが溜まった」ように見える事例にも，かならず何か運命的なきっかけがあるものです。それを運まかせとせず，やや人工的に，作為的にひきよせる支援の一つが認知行動療法です。いかなる症状や困難に，どのような「ひきよせ」があるのか，その中でより確率の高いものはどれか，という知見がいわゆるエビデンスであり，これが指し示す支援策の延長線上に，作為的な「しかけ」を用意してみるのです。

不登校の事例の場合，よく提案するのは，「母親（父親，祖父，叔母，兄弟でもあり）とのお菓子作り」です。「心のエネルギー蓄積」のための定番戦略の一つです。，不登校事例と向き合う時には，これをどこかでしかけられないものか，と考えます。事例で紹介していきましょう。

U子は中1の女子。小学校まで仲良しだった友達とは中学校で距離ができ，気がついたら，クラスでも部活でも孤立してしまい，中1の6月末には，完全な不登校状態になってしまいました。家族は，単身赴任の父，専業主婦の母，専門学校に通う20歳の兄，高1で野球部のマネージャーで忙しい姉の5人です。U子は学校がある時間は，午前中は英語と数学を中心に自習，午後は好きな読書をしていました。「学校でできないこと（インターネットなど）は休んでいてもやらないこと」は，兄が中学時代に不登校だった経験から両親が勧めたことでした。もともと素直なU子は，それに従い，インターネットなどにはまるタイプでもありませんでした。

ただ，徐々に時間をもて余す様子がうかがえました。カウンセリングではほぼ無言，母親はあれこれと心配を語ってくれました。不安の強い母親でしたが，本人を責めたり，皮肉を言うことはなく，本人との関係も良好でした。

ですが，やはり本人が，だんだんイライラしてきます。読書も長続きせず，珍しく夕方テレビをつけたかと思うと，すぐに消す。母親が「買い物にでも行かない？」と誘っても，無理。もともと，恥ずかしがり屋だったので，外出は早朝のイヌとの散歩，くらいでした。そのイライラの様子は，母親には心配のタネでしたが，援助者には「チャンス」「よいタイミング」に見えました。援助者としての正直な気持ちでは，「このまま自習と読書」で心穏やかに過ごされては（そうなったらそれを支援していきますが），きっかけがつかめないと思っていたところでした。

　あまりにも母親の不安やストレスがたまっていそうなので，援助者から「お母さんご自身の気晴らしはありませんか？　たとえば，お母さん自身が好きなことで『ご無沙汰』なこと，たとえば，何かを作るとか……」。すると母親から「上手ではないのですが，クッキーを焼くのは好きです」。

　援助者は「なるほど！　それ，やってみてください」，と勧めてみました。察しのよい母親からは，「Ｕ子も誘うのですね」と言われたのですが，きっぱり「いいえ，お母さんがかつてのように一人で，しかも，自分が楽しめるように」とお願いしました。「そしてできあがったクッキーは，ご家族にも食べてもらってくださいね」と添えて。

　ねらいどおり，まずは母親が楽しむ，Ｕ子がそれは少しだけ気になる。母親は，さらに１ステップ難しいクッキーに挑戦する。ちょっとした道具も買い込んでくる。そして，台所のカウンターの向こうで，読書にいまいち集中しきれずにいるＵ子に声をかける。「ねえ，もしよかったら，ちょっと手伝ってくれない？」。「えー」とＵ子。表面では気のない返事。でも手伝ってくれる。ここで，フットインザドア・テクニック（最初は小さいお願いをＯＫしてもらい，次々とより大きなお願いについて，断りにくい雰囲気を作り，ＯＫをもらうようにする，という作戦。社会心理学の用語）に入っています。

　軽い手伝いから始まり，よかったら……，できたら……，と，あれこれ手伝ってもらい，新作のクッキーが完成。「ありがとう，手伝ってもらったおかげで，なかなかうまくできたわ。でも，どう？　少し甘すぎた？」とＵ子に試食の感想を求める……。

　３日後は，最初からＵ子をあてにして，さらに家族の好みにあう甘さ控えめ

に挑戦する。U子も，いやがらずに手伝ってくれる。さらに3日後も。そしてその週末，母親の，「せっかくだから，少し遠いけど，お母さんと〇〇まで出かけてみない？，材料も欲しいし，そこの店にはレシピ本もおいてあるから」。

これが，U子にとって，ほぼ2カ月ぶりの，散歩以外での遠出となりました。気がついたら，クッキー，お菓子だけでなく，いろんなお料理作りにも挑戦してくれるようになりました。そのうち，週末の中学校区を離れたところまでの買い物はあたりまえになりました。面接では，はっきりとした言葉にはしてくれませんでしたが，U子の様子から，すっかり「心のエネルギー蓄積」の状態に転じた様子がうかがえました。

U子がまったく口を開かなかったので，しばらく間をあけていた担任による家庭訪問も再開し，漸次的接近，夜間登校，別室登校，と進み，夏休み明けからはほぼ欠席はなくなり，毎日，午前中には別室に通うことができるようになりました。中1の春休みにさらにいろいろなことに取り組み，中2の最初からは，教室で授業を受けることができました。

この事例のように，何かを作る，それを誰かとの協働で進める，というのは，どんな場合でも有効な行動活性化となるようです。何かを作るということは，元気のきっかけであり，協働というのも効果が高い，そして，単に自分の楽しみだけでなく，食べてくれた家族の喜びに貢献できること，これらの要素がつまっています。また，比較的準備がしやすく（家の中でできる，お金もさほどかからない，多くの保護者とりわけ母親にも抵抗はあまりない）ことだと思います。

家族のため，家族に喜んでもらえる，という活動は，不登校やひきこもりの事例でとても有効です。なぜかと言うと，長く不登校やひきこもりの状態でいると，本人の中には家族に「申し訳ない」という気持ちがつのっているからです。そのように見えない子でも，気持ちがつのっている場合が多いものです。そのような中で，少しでも家族に喜んでもらえた，おいしい，と口にしてもらえた，口には出してくれなかったけれど「食べっぷり」からそれが伝わった，共通の話題となる会話のきっかけを提供できた，母親の手伝いとして足手まといにならず貢献できた，というのは，累積した負い目を少し

でも減らすことにつながりますし，自信にもつながります。

　お風呂掃除，断捨離作業のお手伝い（自分の部屋，自分のためのスペースの整理整頓は，貢献度としてはやや低下しますが，それでも家族の喜びにはつながります）なども同じです。

　最近は，便利になって機会が減ってきているかもしれませんが，少し前までは，テレビとビデオデッキの接続やパソコンを購入した際のセットアップなど，説明書を見ながら，「あーでもない，こーでもない」と一緒に作業する，というのも，わりと定番の，家庭の中での行動活性化のきっかけでした。このパターンの多くは，父と息子，という組合せで有効でした。

2.「行動活性化」に有利な活動ときっかけ：家庭内編

　家庭の中できっかけになることと言えば，そのほか，高齢者や身内が怪我や長引く病気でしばらく寝たきりになってしまい，介護や通院が必要になった時の手伝い，という展開がありました。ひきこもっていた若者で，たまたま運転免許は持っていたので，介護が必要になったおばあちゃんを病院まで送り迎えする，というのがきっかけとなった事例などです。

　これらの話では，仮病を演じてもらうわけにはいかず，計画的にはいかないので，まさに偶然，災い転じて，になりますが，もしひきこもりの若者がいる家庭で家族の援助が必要となる人がいれば，ひきこもっている家族に手伝いを提案してみるといいかもしれません。

　些細なトラブルというのは，どんな家庭でも毎月のように起きているものです。家族にとっては「よくないことが重なって」という認識になりがちですが，不登校やひきこもりという，社会参加が困難な家族がいる場合には，「災い転じて」という認識を持っていただければ，援助者のかかわりの幅が広がると思います。

　不登校の高校生のご家庭で，遠くの大学に通っていた上の兄弟が，退学して帰宅した後，そのまま引きこもってしまったことがありました。もともと，あまり兄弟の仲が良くなかったこともあり，高校生の子にとっては大きなストレスとなり，それがきっかけで，家の外への居場所を探し始めた，という

事例もあります。

　家族の方が気を遣いすぎて，軽い気持ちで頼んでもよさそうなことでも控えてしまう，そのような選択の一つ一つが，かえってひきこもっている本人の気持ちを徐々に縮小させます。ひきこもっている本人は，「自分はそこまであてにされていないのか」といった気持ちになるらしいのです。

　ひきこもりの家族と本人の間には，このような「過剰な遠慮のかけあい」が停滞を招いていることが多いようです。ひきこもりに対して，過剰な押しつけ，叱責，皮肉や嫌味は厳禁と言えます。しかし，互いに同じ家の中で生活空間を共にしているのですから，相手にごく普通の親切をかけ，自分も親切を期待する，ことも大切だと思います。

　かつてはまっていた何かを，久しぶりに楽しんでみる，というのは，一つの家庭内での行動活性化につながります。たとえば，もう10年前のテレビゲーム機が出てきたので，テレビにつないでやってみる，とか，何十巻というコミックを最初から読み始める，とかです。家族の方にも，「おや，何か，変わったことをやり始めたぞ」と気づくことがあれば，それを指摘してもらいましょう。

　こういった小ネタを，面接でしっかりひろうのも重要なセラピスト技術です。「あいかわらず，○○しかしていません」。という報告を援助者も「ああ，そうですか」と返してしまい，しばらく互いに沈黙，ということになりがちです。「最近，起きる時刻が早くなっているようですが，何かありましたか？」「ここの時間は，どんなことをして過ごされたんですか？」などと，記録してきてくれた結果から，ささいな変化も見つけましょう。そこに行動活性化のヒントがあるのです。

　きっかけは家族からでもかまいません。むかしよく家族で卓球をしていた，その時に購入したラケットが出てきた，それをきっかけに，父母で会話がもりあがった。ここでも最初から，ひきこもっているお子さんを誘わずにさりげなく本人に聞こえるように話題にしてもらう。それを聞いた本人の様子をうかがいつつ，「今度，卓球に行くけど，どう？」と誘ってみる。「三人だと，適度に休憩を取りながらできるから，ちょうどいいのよね」などと，誘っている家族としても助かるから提案している，という意味合いができるだけ自

然に耳に届くようにします。

　テーマは，連続ドラマを観たり，ラジオを聞いたり（できれば家族と一緒に話題になるように），植物を育てペットの世話をする，ダイエット，運動をする，お茶やコーヒーなど嗜好品に凝る，入浴剤について話題にする，本を読む，新聞のスクラップを始める，などがあります。

　医療機関で診てもらう，薬局に寄る，美容院に寄る，といった身体のケアに関することは，家族の価値感も影響します。医療機関で受診し服薬を受けるにしても，原則は本人が通う必要があります。安易に，家族が代わりに，ということを進めすぎると，それだけ外出の機会が減ります。医療機関でしっかり診察することは本人がしっかり身につけられるよう，逃げようと思えば逃げられる，避けようと思えば避けられる，という雰囲気を醸し出さないことも大切であり，家族への支援で気になることがあれば，早めに確認しておくことも望まれます。

　ペットを飼い始め，ペットの世話をするという，一般的に子どもにとって，快の価値，強化価が非常に高くなりやすいものについては，登校しぶりの段階では慎重になった方がよいでしょう。不登校というのは，基本的に学校で過ごすことの快と家でひきこもって過ごすことの快との，綱引きです。登校しぶりの段階で，かわいらしく飽きない活動がいきなり家庭の中に生まれてしまったら，一気に連続不登校となる可能性が高くなるのです。やはり，登校しぶりの段階では，「学校がある日の，学校で過ごす時間帯は家にいても学校でできることで過ごす」の原則が優先されるべきでしょう。

　ただし，すでに休みが長期化し，ひきこもりの状況にあるのであれば，家の中での行動活性化のきっかけとして，ペットの飼育も活用することができます。ただし，たとえば，ペットを購入する際には，譲っていただけるご家庭先やペットショップに何度も足を運ぶということ，本人をつきあわせること，など「一つのチャンスを行動活性化のためにフルに活かす」姿勢が，ご家族には求められます。

　大半の家庭では，子どもが小さかった頃によくやったレジャー（魚釣り，ウィンタースポーツ，バーベキュー，虫取りなど）があるものです。思い切って，それを復活させていただくのもよいでしょう。ご実家などで行っていた

行事の中で何か，貢献してもらえる可能性をちらつかせます。「おじいちゃんが，もう餅をつくのはつらい，と言っているんだけど，手伝ってもらえると助かる，男の人がお父さんだけだといろいろと大変でね」と母親が提案してみるのもいいでしょう。

3.「行動活性化」に有利な活動ときっかけ：外出編

　不登校やひきこもりの方には，いかにできるだけ「靴を履かない日」を減らしてもらうこと，がポイントとなります。逆に言えば，靴を履く機会であれば，何でもよい，というくらいの段階から始めます。
　しかし，靴を履いて玄関から出る，というのは，ご近所の視線が気になるので，なかなか難しいところがあります。自家用車をお持ちのご家庭であれば，積極的に利用されることをお勧めします。自家用車の後部座席というのは，いったん乗ってしまえば，なかなか車外から顔を特定することが難しいものです。実際に走行している車を見てためしてもらうのもよいでしょう。細かいことでも説得より実際に実験してみる，本人に確かめてもらう，というのが，ここで紹介している方法をより確実にするコツです。
　逆に言えば，説得という手段は徹底して控えます。説明はしても説得はしないでください。一般に人は，大人も子どもも，説得されることに抵抗を覚えます。タクシーの活用もよいでしょう。
　買い物は，わりと好きな子とそうでもない子に分かれます。買い物が好きな子であれば，その機会を積極的に使いましょう。ネットで購入できないものはほとんどない，という時代になりましたが，買い物が好きなタイプであれば，やはり，実際に商品を見れば楽しんでもらえるはずです。曜日や時間帯についても，細かく気にする子も多いのですが，できるだけそれに応じて，一緒に出かける機会をとってみてください。
　身体を動かすのも，もともと好きな子とそうでもない子に分かれます。最近はどうか，ではなく，より幼いころ，不登校になる前，小学校低学年のころ，どんな子どもで何が好きだったかは，やはり，両親がよく把握していますから，それを復活させてもらうわけです。

スポーツが得意かどうか，と，運動つまり身体を動かすことが好きかどうか，というのは，やや異なります。運動音痴といわれるくらいスポーツが苦手（たいていこのような言い方は，球技関係の種目によって判断されることが多いのですが）であっても，身体を動かすことそのものは嫌いではない，という子も多いです。野球そのものはあまり上手でなくても，バッティングセンターだけは好き，という子もいます。

　不登校やひきこもりは，本人も家族も，そしてしばしば担任教師も，さらには支援している者までも，行動活性化につながる，やってみたら快を覚えるようなものを，彼／彼女について見つけることは難しい，と諦めてしまいがちです。常識的な予測から類推はしつつ，常識にとらわれない見極めの力が求められます。

　就労体験（アルバイトなど）は，ややハードルが高いかもしれませんが，とても効果的な行動活性化の方法です。高校以上の不登校，若者のひきこもりで，アルバイトにチャレンジして，それが望ましくない影響をもたらした，というケースはほとんど記憶がありません。もちろん，あれこれ考えてもらったけれども，やはりアルバイトの体験をするのは無理だった，という場合は数多くあります。しかし，それでも，アルバイトを探してみる，アルバイトを募集している店に客として偵察に行ってみる，ということが，良質な行動活性化のきっかけになります。「自分にできるだろうか」の視点からアルバイトの働きを観察してもらう宿題を出し，面接で話題にするのはお勧めの方法です。

　社交不安傾向のある要支援者と，さまざまな店に出かけ，店員さんとちょっとしたやりとりを経験することは，不安傾向の段階的な解消（厳密には，回避しないでやりとげる経験を増やす）にもつながります。書店，コンビニ，スーパー，家電量販店，ファストフード店，比較的低価格の飲食店，雑貨屋など，さまざまな学生や若者のアルバイト先の定番となっている店に，客として入店しながら，時には店員に声をかけるなど（単純な質問でよい）して，その役割を自分にもできるかできないか，を考えてもらいます。

　面接では，偵察に入った店で，気になった仕事，役割について，ロールプレイを行うこともできるでしょう。このようなアルバイト向けマニュアルな

どは，動画サイトから見つかるかもしれません。そのようなものを見ながら，行動活性化のバリエーションをひろげ，第9章で紹介するエクスポージャーとして，不安を小さくし，社会とかかわる機会を増やしてもらうことができます。

もちろん，中学生以下ではかなり限られますが（厳密には法律に触れることもあるので，安易に家業の手伝いを平日連日で，というわけにはいきません）。しかし単発で，たとえば親が自家用車で営業へ出かけるのに1日ないし半日の間，助手席に乗ってもらう，ぐらいならできるかもしれません。

このほか，家族親戚総出の「猫の手も借りたいくらい忙しい」農作業に協力してもらう，などです。両親または祖父母の大切な役割だけれども，それを手伝ってもらう（「腰痛があるので，運ぶことを手伝ってほしい」などと理由をつけて）というのもよくあるパターンです。

できれば，いくらかでもアルバイト代をもらえれば，充実感が高まり，かつ，それをどのように使うか，ということを考えてもらい，それをまた買い物などにあてることができます。

中学校を卒業してしまえば，さまざまなアルバイトを継続して行うことが可能となります。高校によってはアルバイトを原則禁止しているところもあります。学校側の誤解（「本人ないし親にもう登校する気，させる気がないのか」「進学をあきらめたのか」など）を招かないためにも，そのねらいと何より本人の希望がある（本人が希望しない場合は無理）ことを先生に説明して，期間限定として体験してみるのもよいでしょう。

しかし，最近ある影響から紹介したような行動活性化が少し進めにくくなっています。それは，家庭の中でネット生活にすっかりはまってしまい，あるいはそれとからんでいるため，睡眠のサイクルがかなりズレてしまっているのです。そうするとなかなかきっかけがつかみにくくなります。やはり，行動活性化は，退屈さの醸成と共に進める必要があります。

以上，さまざまなバリエーションを紹介しましたが，どんなによく使われる手法や，ほかの事例で効果が得られたメニューであっても，無理強いと強う説得はマイナスです。行動活性化については，常識的に納得できる手段であるため，保護者が「やはりそれが必要だ」という思いから，かなり強引に

進めてしまうことがあります。

　ずいぶん昔の例ですが，伝統ある地域のお祭りがあり，小学校高学年の子が参加することになっている，かなり重要な役割がありました。父親と親戚が，不登校状態になって2カ月ほどの小6の男の子を強引にその練習につれていってしまったのです。当然ですが，練習の場には同じ学校の同じ学年や一つ下の学年の子どもたちもが参加していました。そこに放り込まれたのです。

　初日はじっと耐えてくれました。あとからすれば，その長い時間がかえってトラウマになってしまったのでしょう。翌日から部屋の中に立てこもり，その夏の練習どころか，小学校の卒業まで一切外出を拒否することになってしまいました。保護者との面接では，「行動活性化をする」だけでなく，どのようなことだったらできそうか，具体的に確認することが必要です。

4. 記録をとる，予定を定める，準備して寝る

　行動活性化を効果的に進めるためには，記録をつけて，それによってどれだけ元気になったのか，明るくなったのか，表情がいきいきしてきたのかをふりかえり，①同じ活動メニューを繰り返せないか？，②似た方向性の（共通する要素を持つ）活動メニューは何かないか？　それを進められるか？，③マンネリにならないよう，まったく違う活動でできそうなことはないか？，を考えていきます。

　本人が，自分の心のエネルギーの蓄積のために，記録をつけて，自己評定する。大人のうつや不安などの認知行動療法であれば，そのような方法も使えますが，不登校やひきこもりにある子どもや若者に，これらの記録を継続的につけてもらうのは，難しいかもしれません。それらの課題を毎日しっかり記録することができるくらいであれば，すでに不登校やひきこもりを脱出してることでしょう。

　それでももし，自分一人でつけてみる，あるいは，保護者と一緒につけてみる，ということができるのであれば，それはとても望ましいことです。1日単位で書き込みができるカレンダー，あるいは手帳に，その日できた活性

化の内容，おおよその時刻，そして，やってみておもしろかった（楽しかった）程度を，0：まったく楽しくなかった（やったことを後悔した），1：なんとも言えない（やってもやらなくても同じくらい），2：少しだけ楽しめた（どちらかと言えばやってよかった），3：かなり楽しめた（やってよかった），4：とても楽しめた（ぜひまたやりたい）くらいで評定してもらいます。

　本人が，記入や評定に抵抗があるのであれば，原則として母親が記録し続ける，でもかまいません。その時は，その行動をやっているところ，取り組む姿勢，発話の多さ，表情，終わった後の様子，などから評定することができます。

　認知行動療法における記録は，つけ方やそのシートなどの細かいところにこだわる必要はありません。とにかく，三日坊主にならないように記録が習慣化することが一番です。

　また，できれば計画を立てると動きやすくなります。不登校でもひきこもりでも，朝起きて「今日は何をしようかな」では，動くのがなかなか難しくなります。悩んでいるうちに，時間が過ぎていき，意欲が低下します。元気がない状態で悩み始めたら，多くの場合，活動性は停滞します。ですから最低でも前日のうちに，翌日の行動のスケジュールを決めましょう。実際には，毎日何かをこなす，というのは無理ですが，一週間単位で決めておければよいでしょう。

　一週間だったら，家族の予定も見とおせますし，さまざまな家庭の事情も予測できます。さらには天気や気温なども，だいたいよいか悪いか，一週間先までの見とおしが立ちます。何曜日のおおよそいつごろにどんなことをする，どこへ出かける，誰とする，何の準備が必要か，何を着ていくか，お金はいくら必要か，もし，天気予報が微妙で，天気次第で活動メニューを調整する必要があれば，代替として何をするべきか，などを決めておきましょう。公共の交通機関を利用するなら時刻表とルートも確認しておきましょう。

　できるだけ，当日，行動の前に悩まない，とまどわない支援が進むように家族で確認しておいてください。難しいのは，予定どおりに進まなかった場合です。家の中で家族が一緒に進める予定であったなら，本人が途中からでも参加できるようにするのがよいでしょう。クッキーなどの下地ができて，

焼き始めたところから，匂いにさそわれて中に入るでもいいわけです。

　外出する場合は，やや難しいのですが，家族の誰かにとって出かけなければならない用事であれば，本人に抵抗があっても，本人をおいて出かけましょう。「本人が拒否した，本人がしぶった，そのせいで遅れた」となると，本人は迷惑をかけたことで申し訳ないという気持ちになり，次に「家族と○○まで出かけてみよう」という提案を受け入れにくくなってしまいます。

　外出できないこと，活性化に取り組めないことを責めても，何のためにもなりません。これは，家族にとってはしばしば試練となりますが，「もしできたらいいね」ということで提案しているのに，それができなかったからといって責められては，本人からすればそんな提案は信用できない，という体験になります。

　行動活性化，心のエネルギー蓄積はできるならできるだけ進める，できないならそれはそれで仕方がない，というくらいの心構えでいましょう。

5.「誰かが強化する」から「活動から強化される」へ

　行動の活性化が進んだら，その取り組みを維持発展していくことが望まれます。認知行動療法で強化といえば，褒めること，ということになります。もちろん褒めること，一緒に喜ぶこと，肯定的なニュアンスある驚きを示すこと，などは重要な手続きになります。

　しかし，行動はそれ自体から強化されるのが理想です。そのことにより，行動は無理なく維持されます。自転車をこぐ行動は，自転車をこいでいるところを誰かから褒められるのではなく，こぐことで前進し，自分で走るよりも消耗することなく速く移動できる感覚から強化されます。

　認知行動療法の行動活性化に関する多くの解説諸では，活性化の結果を記録し，それを援助者が強化する，という手続きで説明されますが，実際には，誰かに強化されないと維持されないような活動は，そのうち維持されなくなります。つまり，活動に強化が内在するようなメニューを選ぶ必要があります。

　援助者あるいは，家族などが強化すべきは，活動することそのものではな

く,「その記録をつけていくこと」についてかもしれません。図5-1は,標準的な行動活性化のための記録書式です。予定と結果の二段になっています。

6. 事例：A太の場合

　A太にとっての行動活性化のメニュー探しは,母親と援助者を含めた3人での対話の中で行われました。まず「学校がある時間に学校でできないことは家でもできない」のルールを守るためにできることを探しました。やってみたいこと,かつて好きだったこと,の中から候補にあがったのは,マンガを模写することでした。

　マンガを読むことは,厳密には「学校でできないこと」と判断できそうでしたが,「漫画クラブに入った子は,マンガを1冊にかぎってカバンに入れて持ち歩いてもいい」という学校の決まりを理由として,ギリギリセーフと判断しました。とても好きな漫画で全30巻以上そろっているものがあり,すでに内容はわかっているのですが,それを模写するのを楽しみにしていた,ということでした。そこで,プリントによる自習の他にマンガを模写してみることを最初のメニューとしました。

　このように,本人が好きなこと,ずっと好きだったことからヒントを見つけそれを突破口として行動活性化を広げていくのはとてもよい方法です。

　A太の場合は,その後,絵の模写にはまり,漫画を描くための文具が欲しい,ということになり,その文具を週末に父親と大型店まで購入しに行く,それでも不足するものを,ネット通販で探してみる,という行動活性化に展開しました。また,少しはなれた市で,好きな漫画家とは別の漫画家の原画展が開催されることがわかったので,それをやはり両親と自家用車に乗って見に行くことができました。

　そのうち,姉の部活の練習試合を見に行く,以前よく家族で食べに行ったラーメン店にひさしぶりに出かけてみる,家族用のパソコンを買い換えるために電気店に出かけてみる,などと徐々に行動が広がっていきました。父親の勤務先で家族をふくめてのBBQ大会,があったのですが,意外にも「行ってみたい」とA太が言うので,出かけてみました。近い年代の子も参加し

		年	/	/	/	/	/	/	/	
			月	火	水	木	金	土	日	
予定		1:00								1:00
		3:00								3:00
		5:00								5:00
		7:00								7:00
		8:00								8:00
		9:00								9:00
		10:00								10:00
		11:00								11:00
		12:00								12:00
		13:00								13:00
		14:00								14:00
		15:00								15:00
		16:00								16:00
		17:00								17:00
		18:00								18:00
		19:00								19:00
		21:00								21:00
		23:00								23:00
結果		1:00								1:00
		3:00								3:00
		5:00								5:00
		7:00								7:00
		8:00								8:00
		9:00								9:00
		10:00								10:00
		11:00								11:00
		12:00								12:00
		13:00								13:00
		14:00								14:00
		15:00								15:00
		16:00								16:00
		17:00								17:00
		18:00								18:00
		19:00								19:00
		21:00								21:00
		23:00								23:00
気分	0-10		/	/	/	/	/	/	/	
満足	0-10		/	/	/	/	/	/	/	

図 5-1　行動活性の標準記録用紙

ており，最初は恥ずかしがっていましたが，ある親子が小型のドローンを持ってきて，それを見せてもらうことなどからあっという間に緊張がとけ，とても充実した1日を過ごすことができました。

父親は面接で，「外出しないA太しか見ることができないと，親としてもつらいが，いろんなところに出かけることができれば，何も変わっていないA太そのもの，として見ることができた，無理にならない範囲であちこちへ出かけようと誘ってみる方法は，親にとってもよい方法でした」と語られました。そして，それらの経験を援助者に話してくれる様子から，「心のエネルギーが溜まった」との見立てにつながり，学校への漸次的接近，それから別室登校へと展開することになったのです。

7．事例：B美の場合

中2に進級する前から，支援が開始されました。「母親とクッキー作り」の定番作戦は，母親にも挑戦していただいたのですが，無理なようでした。母親は「あまり，料理とかに関心がありそうな子ではありませんでした」「実は母親の私も，得意でもないし好きでもなくて」ということでした。

改めて言うまでもないことですが，一人の人間がどのような活動を好むかどうか，は気質のようなもので，①しばしば親の両方ないしはどちらかからの遺伝的な影響もある，②小さい頃からの好みは人の生涯をとおして持続する，という原則があるように思います。

小さい頃からじっとしていることができない，気がつくと動き回る，しばしば迷子になるとういような特性は（ADHDの診断でなくとも），やはりその傾向を持っている子ならば，思春期青年期そして社会人になっても続くことがあります。

第2章のプレマック原理でもふれましたが，その人は何が好きかという時，一般的にはモノの話になりがちですが，どのような活動で時間を過ごすことが好きか，言い換えれば，放っておくとどのような活動をしているか，という情報はとても重要で，行動変容にも効果的に用いていくことができます。

気がつくと植物や動物を眺めてかまっていた，とか，気がつくと食べ物を

探して口に入れていた，気がつくとおもちゃや家庭の電気製品などを壊していた，先のＡ太のように，気がつくと絵の模写をしていた，というエピソードは行動活性化を進める上で，重要な情報です（第4章参照のこと）。

　Ｂ美が大好きなのは，人の注目をひくこと，美容に関すること（母親の化粧品をよくいじって叱られた），髪型や洋服などでした。Ｂ美の問題行動傾向と関連して，このような方面への興味関心の強さは，一般に，学校の教職員などには，どちらかといえば，心配のネタになります。実際，私服で登校する小学校時代は，かなり派手めな服装を好んで登校し，それがエスカレートしてきた4年生の時などは，上級生からも目をつけられることがあり，クラス担任はじめ，ずいぶんと気を遣ったそうです。

　そんな中でＢ美は，周囲に及ぼす影響を少し楽しんでいるところがありました。とにかく，人から見られること，自分の外見が他人に印象づけていることを感じるのが快でした。

　休んでいると，ネットなどで服装や美容，お化粧，10代の子に人気があるタレントに関する情報，などに夢中になってしまうので，ご両親に制限をかけてもらいましたが，その抵抗はすさまじかったそうです。ネットへのアクセスが解禁となる時刻からは，食事もろくにとらないで，お風呂の中にタブレットを持ち込んだりするくらいでした。

　それに関連する行動活性化も進めてもらい，実際に，古着店に出かける，10代の子に人気がある小物屋で買い物をする，関連する雑誌を購入する（はじめは郵便で届く定期購読を希望したのですが，何とか，他の買い物も合わせて校外の大型店に出かける，ことで折り合いをつけてもらいました）。

　悪化はしていないのですが，なかなか決め手になることがないまま，中2の夏休みに入ろうという7月に，母親と都内の10代のタレント養成学校の説明会に参加してみようか，という話になりました。

　これは援助者から母親に「ロミオとジュリエット効果」と言って，「そっちへ行ってはダメよ，許されないわ」と周囲が押さえようと，あきらめさせようとすればするほど，それに対する気持ちは燃え上がる，ということを話しているうちに，母親から「実は，……」と提案があったことです。

　Ｂ美はずっと，芸能関係の仕事にあこがれがありました。かわいい顔立ち

だったので，幼いころは「目指せたらいいね」などと言われていました。母親は「実はそれを真に受けて育ったのです，どうしたらあきらめさせることができるでしょうか」と相談してくれました。セラピストは，「それです，それを使いましょう」と声をあげ，具体的に何ができるかを母親と話し合いました。そこで出てきたのが，芸能スクールについての話を聞いてみる，でした。

　結論から言えば，夏休みに，1泊2日で母親と芸能スクール2校の見学に行き1校ではわりとくわしく相談にのってもらい，ついでに，人気のおしゃれ店で買い物をして，帰ってきました。

　舞い上がってしまったのではないか，と母親も，それ以上に父親も心配しましたが，むしろ，B美は，とりあえず高校生にならないと，という気持ちを固めてくれました。相談にのってくれたスクールの担当者から，「あなたの状況だと，ご両親のもとで高校に入学して，そこでダンスなどを磨いて，それでも希望があれば，高校生を対象としたオーディションを受けるのがよい」というアドバイスをもらい，それをB美が受け入れた，のです。

　自宅にもどったB美は，地元の高校の部活動などを調べ始め，ヒップホップ系の活動で有名なある私立高校を進学候補としました。それから，一気に別室登校のための作戦へと計画は進みました。

8. 事例：C介の場合

　C介の場合の行動活性化は，ほぼアルバイトの経験でした。大学5年目の春から支援を開始したのですが，大学の授業への出席，卒業研究の準備，公務員試験のための勉強などがあり，アルバイトはもちろん，具体的な行動活性化，快のための活動の計画を進めるには難しいところがありました。

　C介の神経質な特性もあり，あれもこれも，となると混乱する可能性があったので，学生相談でも，なるべく買い物などに出かけてみること，勉強も，自室だけでなく，大学の図書館，そのほかの場所を試しにつかってみること（これは，ネットやゲームへの依存の緩和にもなるので），などをやんわりと勧められたそうですが，具体的な行動活性化の取り組みはありませんでした。

5年目の秋からの来談では，行動活性化を進めるためにも，外出し，街やキャンパスで，さまざまな人と会うことへの抵抗を小さくするエクスポージャー支援が中心となっていきました。
　そこで，卒論のテーマに関連した行動活性化を考えました。「かつてにぎわっていたが今ではいわゆる『シャッター街』になってしまっているところの活性化」が卒論に関するテーマだったので，それについて，電車で出かけていき，まさにシャッターが昼間から閉まったままが多い，古い地方の商店街の調査，写真撮影を始めました。もともと父親に写真撮影の趣味があり，やや趣味性の高いカメラとレンズを貸してくれたので，それで，かつて賑わっていたシャッター街通り，そこで買い物をする高齢者，バリアフリー対策も遅れていることを象徴的に示す映像などを集めるようになりました。
　そんなやり取りが，卒論の指導教官にも「ユニークだ」と評価され，ゼミや授業でもとりあげてもらえるようになり，自分の行動活性化の成果が，研究室でも貢献できていること，指導教官の授業でシャッター街の写真についての感想があり，それがまた励みになったことなどが，好転のきっかけとなりました。写真のことを通じて，中学校で理科の教師をしている父親との対話も増えました。対話が増えたことで，それまでの失敗，停滞について，父親が温かく支えていくつもりであることが実感できたということです。
　ほどなく，アルバイトも経験できるようになりました。家電量販店の販売の仕事は，「かなりはまった」とのことでした。まじめですが，それなりに自分をアピールできていた高校生くらいの感覚がよみがえったとのことでした。
　真面目なところがあるので，バイトの中で，「仮面をつけて明るくふるまっている感じ」があるが，これでよいのだろうか，とかなり回数をかけて話題にしました。仮面をつけているという意識があれば不安ではない，家では仮面は必要ない，両親も仮面をつけているということを認めている，驚いたことに「仮面などは無用」なタイプだと思っていた上の姉も，「（つけてはずす，が）あたりまえでしょ」と考えていることを知って自信がついたということでした。
　このように，行動活性化は何らかの活動を増やすことだけが目標のように

思われますが，それによってエネルギーが溜まってくると，そこで得た新鮮な感覚をあれこれ語りたくなるようです。それをフォローするのも，行動活性化を進める援助者の（あるいは，家族，身近な支援者の）大切な役割です。

　行動が活性化されると，いろいろなものを目にします。これまでと同じものも，異なる視点で見ることになります。それらが，認知，つまり受け止め，解釈，思い込みや信念の変容につながっていきます。

第 6 章

ネットとゲームへの依存を撃退する

> **この章をざっくりと……**
>
> 生活リズムを整える，そのためにもネットやゲームへの依存を防ぐことが重要である。すでに依存の状態にあれば，そこからの段階的回復を支援しなければならない。いずれにしても，家庭での保護者を支える支援が中心となる。次章の「睡眠の習慣」とあわせ，不登校やひきこもりの事例に行動活性化を進める上で「難所」となっている。

1. まずは不登校やひきこもりの予防につながる知見から

　ネットやゲームへの過度に依存した生活の改善は，不登校とひきこもりの支援において重要度が高まっています。

　依存という表現についてですが，薬物，物質の摂取によるものではない「はまりきった状態」については「プロセス依存」とか「行為（行動）嗜癖」という言い方があります。最近では，ネット障害，ゲーム障害などという言い方もあり，医学的診断名として扱われる流れにあります。

　いずれにしても，ある活動，行為に「はまって」しまい，それをコントロールすることができず，止めることが苦痛になる，無理に止められると手がつけられないような状態にもなるという点で，大人のアルコールや危険薬物などへの依存と共通するところがあります。

　ネットやゲームについて，依存症かどうか，どれだけ深刻な依存の状態にあるかについては，表6-1の観点から評価することができます。

表6-1　ネット依存の4つのチェック項目

以下のうち，1項目でもあてはまれば，ネット依存のリスクがあります。2項目以上があてはまれば，すでにネット依存の状態にある可能性があります。3つ以上該当すれば，すでに重症な状態と言えるかもしれません。
(より厳密な診断は，より精度の高い尺度などを用いた専門医などの診察が必要になります。あくまで依存の理解の参考にしてください)

- 短時間でも端末を離せない：
  外出先でも家の中でも常に身につけていないといられない
- それが原因で集中できない：
  ネットのために課題（学業など）に集中できず成績が低下している
- それが原因でパニックになる：
  （故障や接続不良，紛失等で）しばらく端末を使えないとパニックになる
- それが原因で嘘をつく：
  ネットを利用するために家族や信頼すべき人に嘘をつき信用をなくす

　端末とは，スマートフォン，タブレットやパソコン，あるいはその他のインターネットへ接続が可能なゲーム機などです。

　不登校やひきこもりになる，というのは，生活に制限がなくなることですが，そのせいで，時間がどんどん増えていきます。ある程度やれば飽きる，といかないのが，依存症になる物質や活動の特徴です。ネットやゲームは，やればやるほど，もっとやりたくなるような特性があります。またそのように作られています。

　生活の多くの時間でネットにかかわること（ゲーム，SNSやメール，動画サイトなど）で頭の中が占められてしまい，その結果，集中することが困難となり，取り組むべき課題がこなせなくなる，当然成績も下がる，それがまたストレスを生み，そこから気持ちの上でのがれるために依存の状態を深めます。

　ネットにつなげて時間を過ごすつもりだったのに，何かの理由でできないとなるとパニックになるさまは，まるで重度の依存症の方の禁断症状状態そのものです。そのようなパニックになった時の表情，様子，言動について相談にみえた保護者の方は「（わが子の）あんな表情，目つき，はこれまで見たことがありません」「狂ったようでした」と，ほとんど恐怖に近い感情を伴っ

て回想されます。

　そして，ネットにアクセスするために，あるいはそれにかかわる時間やお金を捻出するために嘘をつく，祖父母や親戚，友人，アルバイト先で信頼を得ていた方から嘘をついて借金をする，家族，しかも幼い下のきょうだいのお小遣いを使い込む，あげくにアルバイト先の商品を窃盗して換金しようとする，などもあります。これらの行為はしばしば，あっという間にエスカレートしますので「母親の財布からお金を抜いた」とか「自分のものを含めて家族の大切な品物をこっそり売りさばいた」ということがあれば，危険なサインです（このようなことがあれば，証拠がない限り問い詰めてもなかなか話してはくれないので，繰り返しの「犯行」に対する防御策を講じていきましょう）。

　今日の不登校やひきこもりの相談は，その大半が生活の乱れとこの行為嗜癖の問題への支援となっています。本書が提案する行動活性化を進めるためにも，しばしば大きな障壁になっています。

　まず，中学生や高校生までの子どもを持つ家庭でできる，ネットとゲーム依存の防止のためのお勧めのガイドライン，原則を紹介します。つまり「各家庭では不登校や引きこもりの未然防止のために，このようにしていただきたい」という対応の目安です。

　依存症，嗜癖の問題について，長期化し深刻化した状態からの回復は，ますます難しくなり多大な労力やコストを必要としますので，未然防止がきわめて重要です。学校教育では，小学校の入学時点からこの重要性を子ども本人だけではなく，むしろご家庭や保護者にむけて発信していくべきです。以下に紹介する「家庭で守って欲しいこと」を徹底して浸透させていくことが回り道のようで，実は最も効果的ではないかと思います。

　「荒れやすく，不登校や別室登校の発生率が高いまま」となっていたある中学校区での中学校と小学校において，長期的な不登校や登校しぶりの抑制策として，繰り返しこの原則（かつては，ネットというよりは，テレビ，ゲームなどが中心でしたが）を多くの保護者の方と接する機会（入学式，保護者懇談会，PTA企画など）のたびに「時間は短くてよいのでインパクト（言われたことが残るように）があるように」提案してもらうようにお願いし，

一定の成果をあげた経験が複数あります。

　その結果は2～4年ほどで出てきます。いずれの場合も，中学校区単位で「登校しぶりの出現や長期の不登校になる子」を少なくし，全県で標準の水準にまで回復することに成功しました。このような学区や地域全体の取り組みはとても有効です。

原則①「学校がある日の昼間は学校でできないことは家でもできない」

　これは，学校がある日（通常は平日，月から金）の夕方（16時）まで，つまり子どもたちが学校で学び，活動している時間帯には，何らかの理由で学校を休んでいても，学校でできない遊びや過ごし方は我慢しなければならない，ということです。

　前述した，いくつかの「不登校の出現の抑制」に成功した中学校区では，家庭でこの原則を大切にしてもらうことについて「たしかに有効だ」というよい評判がひろがり，学校の先生方も自信を持ってこの原則を紹介することで，保護者の間でもクチコミで広がるという流れができました。

　未成年のうちに，ネットにすっかり依存した経験を持つことが，成人した後にどのような影響があるか，は時間の経過の中で検証していかなければならず時間がかかるので，まだ明らかにはなっていません。研究が追いつかないほど社会の変化が速くなっています。

　これからの時代はまさに，ネットでつながることが人間でも道具でもあたりまえの時代に進んでいくと考えられます。ネットを活用することは，生きていくためにも仕事の上でも，基本的なスキルとなるのは間違いありません。しかし発達の早い段階から，依存した状態を長く経験することには，さまざまなリスクがあると懸念されます。

　よく「早く経験した方が『うまい付き合い方を早く学ぶ』だろう」とか「人生の後半で『夢中』になったほうが始末が悪い」などという意見もよくありますが，お酒でも薬物でもギャンブルでもリスクある異性との交友でもすべての「依存症」に関して，この考えは明らかに誤りです。調査結果からわかっていることはまったく逆で「早く覚えれば覚えるほど危険な状態に陥りやすくなる」です。

最近は，発達障害のことがよく話題になります。これもよく誤解されがちですが，障害というものは白黒はっきりつくようなものではありません。いわゆるグレーゾーンがとても広いのですが，この傾向について，ごく軽い段階にあった子どもでも，10代から，あるいは未就学の段階からネットやゲームに依存した時間を多く過ごしてしまうことで，発達障害の特徴とされる心理的特徴を，さらに増幅させてしまっている可能性もあります。

　実際，ネットにはまった時間を経験すると，欲求の実現を待てずに衝動的になりやすく，希望がすぐに実現しないとイライラしやすい，人とのコミュニケーションがまどろっこしくなる，嫌いなこと，苦手なことを避けてしまいやすくなるなどは大人でも経験することです。不登校やひきこもりのリスクだけに限らない，ということです。

原則② 「平日の家庭の中は苦痛なほど退屈であった方がよい」

　ネットの中にはあらゆる情報がつまっており，いずれもごく簡単な操作で，ほとんど待ち時間もなくアクセスすることができます。依存症というのは，アクセスが容易であることが，深刻な悪化を招く上で決定的な要因となります。よく意志の強さ，という言い方をしますが，それで依存症を説明することはできません。第2章で「時間割引」として説明しましたが，同じ心地よさをもたらすもの，機会（道具）でも，それが時間的に離れた先にある場合とすぐ近くにある場合では，接近して手に入れたい，体験したいという衝動の強さは大きく異なるのです。

　パチンコ・パチスロという，法的には風営法が適用されるが実質的にはギャンブル（賭博）の施設が，日本中いたるところに店を構えているという状況が日本にはあります。世界中を見渡しても，きわめて異例なシステムです。このせいで，わが国が世界でダントツ1位のギャンブル大国（諸外国でギャンブルが多い国のギャンブル依存の発症率よりも2倍以上高い）になっているのは，ご存じのとおりです。

　かつて筆者が保護者向けにお話させていただく際に，インターネットとは子どもにとって「『ドラえもん』が自宅にいるようなもの」である，と説明していました。

「未来は無理だが過去は見られる（タイムマシーン）」「世界中どこでも瞬時に移動できる（どこでもドア）」とは，当時流行り出したばかりの動画サイトのことでした。見たい映像や行きたい場所について，検索語を入力すればいつでも映像が手に入ることを，そのように喩えてみました。

　その当時は，多くの保護者はそのようなサイトの存在を知らず，子どもをとりまく状況をわかりやすく伝える必要がありました。今では，保護者自身も，スマホなどでそれらを楽しんでいるのがあたりまえになっています。

　ごく簡単な操作で，しかもさほど経費がかかるわけでもなく，飽きることのない快感を簡単に引き出し続けることができるという，ネットの世界に太刀打ちできるようなコンテンツを学校教育が提供し続けるのは，なかなか難しいことです。いったんパチンコやパチスロに夢中になり，毎日大部分の時間をその店で，あるいは勝つための情報集めに費やしている一部の大人に「もっと楽しいこと，あとから充実感を感じ取れる活動があるでしょう」などと囁いてもほとんど無効であることを思えば，やはりある程度のコントロールは必要なのです。

　大人には，さまざまなはまりごとが許容されています。より高い自由が保証されています。しかし子どもの場合には，もともと楽しみのバリエーションが狭いので，より配慮が求められるのです。

　「退屈させる」と言っても，与えるべき食事を与えないわけでも，無理矢理苦痛となる試練を与えるわけでもありません。実際には，本を読む，学習につながるマンガやテレビの資料，身体をバランスよく鍛える運動をする，ということまでは許容されるでしょう。どこで線引きすべきかといえば，繰り返しになりますが「学校で許容されるかどうか」です。

　体調を壊して保健室で休んでいる時，体育や体育の行事などに体調不良があるため教室で静かに休んでいる際に許される範囲の活動，ということもできます。短い居眠り（夜の睡眠のリズムを壊さない短さ，およそ20分まで）なども許容範囲です。大人や支援者との対話も許されます。

　ベテランの教育関係者の間では「不登校なんて，われわれが子どもの頃はほとんどなかったものだが」と話題になることがあります。かつて，今でいうような不登校がほとんどなかった理由は，いくつもあげることはできます

が，本質的には，昔は「家で過ごしていたらとてつもなく退屈で時間の潰しようがなかったから（学校へ行くしかない）」というのが，もっともよい説明なのではないでしょうか。

原則③「登校が無理なほど体調が悪ければ，必ず受診する」
　これも，小学校に通い始めてから中学校を卒業するまでの，家庭での対応の一つの目安としていただきたいところです。厳しいように聞こえるかもしれませんが，冷静に考えれば「学校に通えないほどの不調を訴える子を受診させない」ことは，未成年の子どもの保護者としてあってはならないことだと思います。
　普段から，つまり普通に風邪などウイルス性の疾患にかかったり，熱が出たりあるいは痛みを我慢できないほどの怪我をしたという理由で学校を休む場合から，このことは原則としておくとよいでしょう。未成年の子どもの学校への登校と医療機関の受診について「具合は悪くて登校は無理だけど，受診はしなくていい」という中途半端なゾーンは存在しない，というルールをまだ子どもが幼いころから守り続けてください。
　「体調不良を訴え出た」ことへの罰則ではありません。健康を大切にする家庭のルールに基づく対応です。険しい表情で嫌悪的に「病院に行かないと……」と子どもにかかわる必要はまったくありません。
　実際，朝に体調が悪いので登校をひかえていたが，昼頃にはすっかり体調がよくなったとか，診察を受けた医師からも「心配すべき症状ではないので，苦しくなければ登校できる」という返事がもらえれば，遅刻として午後からでも登校するのもいいかもしれません。可能ならその日は特別に，学校まで車で送迎してあげてもいいでしょう。
　ここで大切なのは，日常からのこのような家庭のルールがあることで，体調不良に心配すべき心理的な負荷がかかわっているのかどうかを，見極めることにつながるということです。実際に午後からの登校は無理かもしれませんが，子どもの状況をさぐるきっかけにはなります。ある程度の敷居があるから逆に心の痛みの深刻さが見えるのです。
　もし，そのような提案をしてみた上でも「途中からは学校に行きにくい」

という拒否の意味の返事が子どもから帰ってくるようであれば，それは逆に「心理的な理由から学校に通いにくくなっている」ことの証と見なせます。したがってその場合はなおのこと，警戒態勢つまり学校の先生との連携をとらねばなりません。もし保護者として家族として，できれば子どもさんには不登校になってほしくない，不登校の経験を重ねて「不登校になりやすい子」にならないで欲しいというのであれば，安易にここで「それもそうね」と言ったり，妥協しないほうがよいということになります。

学校が楽しい，学校がある時間に学校で過ごすことにメリットが大きい，と感じているのであれば，しかも，どうせ夕方までは「学校でできないことは家庭にいても我慢しないといけない」ことがわかっているのであれば「間に合うなら，昼休みと午後の時間，そして部活動にも参加したい」という反応が返ってくることが期待されます。その場合は，不登校のサインではなかったのですから安心することもできます。

病院での待ち時間も，よいきっかけとなるでしょう。互いにスマホを我慢して親子で待つ退屈を味わってみれば，より会話も生まれやすくなります。保護者の方もできるだけスマホなどの操作をコントロールして，久しぶりに親子の対話にあててみてください。

子「勉強がむずかしくなったんだよね」
親「あら，塾にでも通ってみる？」
子「うーん，まだいいとは思うけど……」
親「仲良しの子だちは，通っている？」
子「仲良し……うーん，みんな最近冷たくてさ」
親「あらあら，それはつらくない？」
子「うーん」

といった話ができれば，保護者としても時間をついやした価値があるというものです。多くの場合，学校で起こりつつある深刻な話の核心にまで到達することは難しいでしょうが，学校の先生との連携において重要なヒントになります。

不登校が増えて嬉しいと感じる教師はいません。不登校あるいはいじめの対応の大変さは身に染みていますから，どれだけ忙しくても，面倒なことと

は思いません。上記のような会話がなされたことだけでも，情報収集と危険な展開の予測にあたっていただけるはずです。

　病院まで出かけたら，多少のべたべたや子ども返りは許容してあげてもいいでしょう。受診した帰り道に，ちょっとしたご馳走ランチでもいただきながら，会話を広げるきっかけとすることもできます。とにかくできるだけ「学校は無理でも受診は必要ない」「お父さんお母さんは仕事に出かけてかまわない」「自分は留守番をしている」「明日にはきっと回復すると思うから……」という「一人になりたい」提案に，できるだけのらないでください。年頃の子育てをしているのであれば，そのような時のとっさの対応を覚悟していただきたいということです。

　「じゃあ，おとなしくして，温かくしてお留守番よろしくね」というやりとりは，子どもを大人扱いし理解ある信頼関係を構築できている親子関係のようですが，親子関係の深まりや親として子どもの心を支えるチャンスを有効に使えないことでもあるのです。親子関係にとって「朝具合が悪い」という訴えは，ピンチでもありますがチャンスでもあるのです。

原則④「16時以降と土日（長期休み）は自由な時間」

　学校で授業等が終わるおおよそ15時か16時ぐらいからは，普段通り自由な過ごし方をすることができます（ここまで禁じたら，それは「学校を休んだ」ことに対する罰則になってしまいます）。もちろん，土日祝日は昼から自由です。親子できめたルールのもとで，堂々とインターネットでもゲームでも楽しんでいただいてかまいません（睡眠リズムを崩さない限り）。

　基本的にこの章でここまで紹介してきた方法は「子どもからネットを取り上げる」というようなものではないことを，わかっていただけると思います。「学校がある時間に家にいても退屈である」ことを守る「ゲームのやり過ぎで生活リズムが乱れる」のを防ぐだけなのです。

　明確な理由があってのお休みでも，対応は同じです。要するに，学校がある日の学校がある時間帯とそうでない時間帯の意識や自覚を強めておくことがねらいです。

　「中学生ならともかく，幼いころからそんなに厳しい対応をとったら親子

関係がますます悪くなる」という心配があるとすれば，それは別の意味で危険かもしれません。そのような考えは「普段から何かとお子さんの要求に押されてしまいがちな保護者」になりかけていることを示すサインであるからです。

　保護者には保護者としての責任で，子どもが「学校を休んでもよい」のかどうかをジャッジするという大切な役割があります。その役割を放棄し，子どもに自由を与えてしまうことになります。まだ十分元気なうちから，登校するかどうかの判断を子どもにゆだねておいて，不登校が本格化した後に，学校の先生や専門家，それこそネット上にさまざまある相談サイトに「どうしたらよいのでしょうか」と対策を求めても手遅れになります。

　学校に通うことが何らかの理由でつらい，それが朝の体調の不調にまで影響している，というのですから，夕方以降の時間は，普段よりもゆったり過ごしてよいと思います。宿題も無理しなくていいです。学校の教師が出す「家庭の宿題」は「こなすことはあなたの学力やスキル向上を確実にしますよ」というものを提供するものです。宿題が負担になるような課題を出すのは教師が反省すべきことであり，子どもがそれで登校困難になるほど過剰なプレッシャーに義務教育のうちから耐えなければならない理由など，どこにもありません（自ら選んで入学した高校や大学，専門学校では少しとらえ方が異なるでしょうが）。

　学校に登校することについて「提出する課題（予習，準備）ができていないから」という理由で不安になっている，プレッシャーを感じているための欠席や体調不良もよくあります。その可能性があれば，この場合もその日の内に学校の先生に連絡して伝え，堂々と提出すべき課題を持たず登校できるようにすることを支えた方がよいでしょう。

　「ゆとり教育」の反動で，最近は「学力向上」を大きな目標にする学校が増えています。その影響で学校不適応となっている事例が少なくありません。

原則⑤「登校した・しなかったに関わらず，即，学校と連携をとる」

　仮に残念ながら欠席が増えてきた，不登校として深刻化したとしても，家庭での対応は上記が基本となります。

そもそも「今日から私は不登校させていただきます」と宣言して不登校を始める子はほとんどいません。たいていは朝，午前中の体調不調の連続や表情がさえない日の断続から不登校になっていきます。そこで，安易な休みはとれないという原則を普段からしっかり設定しておき，それでも学校への登校が難しいというのは，子ども側の深刻度を証明することになり，その背景にあるのは何か，よほど深刻な状態なのか徹底して探る，ということになります。

本章で紹介してきた原則は，子どもを無視して登校させたり，休ませないことを強く提案しているように読めてしまうかもしれません。しかし，ある程度の防波堤をまず作っておくこと，それでも休む選択肢をとりたがるというなら，そこにかなりの深刻さがあることになるわけで，それならそれで，その深刻さをしっかりとらえていきましょう，ということになります。

子どもにとって望ましいのは，理解がある親か厳しい親か，という議論はナンセンスです。ある程度の厳しさ（原則を安易に曲げない）の中でこそ理解が深まるということがあります。安易に休ませ，休んだら昼間の家庭の中の居心地がよい状態を基本にしていては，解決のヒントも見つけにくくなります。

子どもに人気がある先生とは，決して「何でも許してしまう先生」ではありません。「厳しさもある中で，自分たちのことをよく見て話をきいてくれる先生」です。厳しいが安易に見逃すことがない先生が逆に頼りになる。これは，保護者でも同じことだと思われます。

単なる体調不良ではないという様子が少しでもうかがえたら（判断が難しいこともあるでしょうから，原則はすべての場合で），欠席の連絡だけでなく，①学校に様子を伝えて共有する，②学校内でのトラブルに関連して気がかりがあれば学校と家庭の双方向で共有する，③場合によっては早速に，教師と本人との対話（電話，放課後の登校）あるいは家庭訪問を検討いただくというように，準備することをお勧めします。

表情が暗い，涙をうかべている，食欲がないということから緊急性が疑われれば，なおさら対応を急いだほうがよいでしょう。

この段階であわてて早めに動いて，あとで望ましくない展開になってし

まった，ということはまずありません。仮に大袈裟だったとしても，それは子どもにとっては「うちの親は」「この（担任）教師は」あてになる，と思ってもらえるチャンスです。いわゆる，いじめ加害傾向のある児童生徒も，そのような親や教師のあり方をうかがうと，一定の警戒をしてくれるものです。

　青年期にある方のカウンセリングで「親が心配症だった」ことを苦痛の表情で語った方は，筆者にはまず記憶にありません。「心配性だったことを愚痴ること」までなら少なくありません。でも，深刻なこととして語られるのは，放任の親や心配してくれなかった親のことです。「親は子どものことよりも仕事や別のことで頭がいっぱいだった」という内容は，しばしばとても悲しそうで悔しそうに，時に怒りを込めて語られます。ですから安心して「（上手に）心配する親」を選択していただいてかまわないのです。

2. 家庭で退屈させていると，べたべたしてくる子には？

　小学校の低中学年や心の成長が標準よりややゆっくりな幼い子が，家の中で親などにべたべたしようとしてきたりまとわりつきたがる，という時があります。

　十分な時間を確保して学校で心配なことなどを話しても，執拗にべたべたしてくるようであれば，その家族（たいていは母親）への依存ととらえて，すこし離れてみることを考えなければならないかもしれません（このあたりが，第1章で解説した認知行動療法ならではの「機能分析」がかかわってくるところです）。

　「学校がある日の親は，自分が学校で過ごしている間こんなに忙しくしているのだ」というところを見せつけるくらいがちょうどよい子もいます。たとえば，下のきょうだいの世話やお母さんが新しく始めた仕事で，自分との交流が減ったという欲求不満を感じつつある子が，何らかの理由で学校を休んで久しぶりにお母さんとの満足できる時間を過ごすことができたという経験が，それを獲得できる方法として無意識的に朝の登校しぶりを続けるという場合もあります。

　このような可能性を確認するため，あるいはこのような場合でも望ましい

結果を生むために「昼間のお母さんはこれだけ忙しい」を見せつける方法もあります。朝から普段よりも多くの家事をたくさんこなしていただき，ネットもできない，マンガもテレビもだめという状態で退屈を味わっている子に，それでも自分で時間を過ごしてもらうのです。買い物のお出かけの留守番をさせてもよいでしょう（学校がある時間の午後15時くらいまでにして，それ以後はべたべたさせてあげてかまいません）。

　学校の授業がある時間に家での役割を持ってしまうことは，一般に警戒が必要です。年下の幼い妹や弟，また同居していて忙しくない祖父母の相手をしたり，遊んだり，世話をしたりというのも悩みの解消や元気づけにつながる可能性もあるのですが，それが日常になっては困るのでほどほどにしておいてください。

　特にスマホを持たない子の場合，祖父母の部屋で過ごすことで，そのうちスマホなどを利用できるようになることは，大きな魅力です。自分は孫と仲が良いと思っていても，ただスマホを簡単に長時間貸してくれる相手として利用されているだけということもよくあります。祖父母世代との同居，つまり三世代家族であることは，必ずしも不登校の防止に有利であることはないようです。むしろ，祖父母世代の孫可愛がりが，ネットの時代ではマイナスに作用していることもあります。

　また，軽い手伝いくらいならよいかもしれませんが，本格的に親の仕事を手伝ってしまっては，厳密には「労働基準法」に違反する可能性がある，などと説明して「退屈さに耐えてもらいましょう」。ただし，高校生以上であれば，それらを体験してもらうのもよいかもしれません。

　学校の教師や相談員として保護者に家庭での過ごし方についてアドバイスする機会があれば，少なくとも認知行動療法の立場からは上記がガイドラインになります。

　実際のところ筆者自身がかかわった経験でも，これだけで初期の登校しぶりですが，数日の休みで順調になりその後の経過も安定していた，というケースは数多くあります。

　その場合に注意していただきたいことは「不登校にならずにすんだ」と安心せず，どのような経過から朝の体調不良を訴え，登校が怖い気持ちになっ

たのかを親や教師に語ってもらう，あるいは，学校の教員にしばらく情報を集めもらいましょう。「心配いらないですよ」という言葉を保護者にかけ，同じことを自分自身の心の安定のために，自分にも言い聞かせてしまうのは，残念な「懸念すべきデータに向き合えない」教師の典型的パターンです。学校教師は，子どもの学校不適応についてのプロフェッショナルですから，懸念に向き合い懸念を否認しない強さも重要です。

3.「依存という"毒性"を持つツール」から子どもと若者を守るために

　学校がある時間に学校でできないことにはまってしまう行為依存と言えば，しばらく前までは，テレビ，テレビゲームや携帯型ゲーム，マンガなどが含まれましたが，今は，ほぼインターネット接続端末にしぼられてきました。これらすべてを，上述したとおり「学校がある平日の日中は学校の中でできないことは家の中でもできない」こととして，午後まで原則禁止とすることが一つの目安です。

　かつては，さまざまなゲーム機の操作器，テレビの録画デッキのリモコン，ゲームソフトの媒体，漫画本などを，大きなバックに入れて出勤に使う自家用車に積んでもらったり，鍵のかかるケースにしまってもったりといった，かなり大変な作業に毎日取り組んでいただき，成果をあげたこともよくありました。

　今は，端末も小型化しましたし「フィルタリング」（ある接続（ポルノや暴力系，あるいは購入サイト）に限って閲覧できなくする）「ペアレンタルコントロール」（ある情報にはパスワードがないとアクセスできないようにする）「利用タイマー」（利用できる時刻を曜日ごと設定できる，一定の利用時間になったらシャットアウトする）などがあるので，むしろ覚悟をつければ手間は簡単です。

　ゲームやネットについては，購入の段階で保護者との間でしっかりルールをつくっておくことが対応の基本です。スマホやタブレットの契約者は当然保護者ということになりますが，名義上だけでなく実態として契約者である

保護者が管理すべきもの，として購入することを確認すべきです。

　スマホやタブレットは，子どもに買ってあげるのではなく，子ども用に（親が）購入・契約し，利用させているものなのです。万一それらの端末でトラブルがあれば，責任をとわれるのは契約者ですから当然です。

　約束した内容は，紙にかいて家族で確認できるところに貼り付けておくなども有効です。そして，もっとも有効であるがもっとも難しい手段は，保護者自身がスマホ依存にならないことです。

　冷静に考えれば，親が夕食の時間に食べながらスマホであちこちにメールや電話をしていては，子どもに「食事中のスマホは禁止よ」という指示が実現できるはずはありません。「収入を得るための仕事に関係すること」とか「子どもの習い事の連絡のため」などと，保護者側にも言い訳したいことはたくさんあるでしょうが，すべては子どもがネット依存にならないようにするためには，とても重要なことなのです。

　子どもにも大人にも，家族外の「つきあい」があります。仕事を持つ大人にとって「職場の懇親会の連絡」が重要なのは，子どもにとって「週末どこに集まるか」の連絡が重要なことと同じです。飲酒や喫煙は法律で定まっていますが，ネットへのアクセスについて，年齢で違いを定めた法律はありません。思春期にもなれば「どうして大人だけが許されるのか」ということに敏感になり，それが理由で荒れるようになるのは，昔も今も変わりません。

　依存の状態が深刻になり「制限しようと暴れるのをどうしたらよいか」というご相談には，残念ながら（それを話題にしてもしかたないのですが）「もう少し早く，思春期の荒れが，本格化する前に対策をとってもらえれば……」と思うことがしばしばです。

　どうしても正しい利用のためのルールが守れないようであれば，契約している会社（キャリア）に親が問い合わせ（原則として契約者でないと変更できないはず），一時的に回線をストップすることも可能です。利用制限のアプリなども含めて，今は，多様なニーズにこまかく相談にのってくれるようになっていますので（会社側も，それがサービスであると認識している），それも一つの方法です。

　回線復活のための手続きも，ごく簡単で速やかです。停止といっても，解

約するわけではないので，違約金などの問題はありません。むしろ，解約ということを回避するための一時的な手立て，として前向きに対応してくれるはずです。

　親よりも子どもは関連知識があることもあるので，抵抗してあることないことを言うでしょうが，それにはとりあえず「購入時の約束を守らなかったので」ということで，淡々と親が会社に問い合わせしましょう。

　実際のところ，小学校か中学校のうち1度くらいはルールに従わないので停止することを，保護者の方にはお勧めします。くれぐれも，感情的にならず（子どもの方は，かなり感情的になるでしょうが），約束内容を確認する必要があります。

　これをうまく進めるためには，父親と母親，あるいは祖父母など，家族の中に複数の大人がいれば，その間での理解を合わせておくことです。どうしても祖父母が甘い場合は，両親で協力し，理解を求めていきましょう。

　一般に夫婦の仲が，ダイレクトに子どもの不登校やひきこもりを招くことはないですし，別にそのような実証研究も見あたらないのですが，意外と多いのが，このパターンかと思います。関係が悪くなっている夫婦，時には祖父母世代と親世代の間で，子どもの人気を取り合い，その結果，生活習慣の乱れにつながるような対応，耐性が身につかないようなかかわりを子どもに許してしまう，という展開です。その意味で，家族である大人の間には，一定の信頼関係とそれぞれの意見を話し合っておかれる方がよいと思います。

　確認しますが，ルールとして重視してほしいのは，総時間，時間帯，内容（アクセス先）です。不登校やひきこもりのきっかけになる，生活の乱れにつながるのは，時間数と時間帯です。一般に，内容やお金の使いすぎについては，それなりに心配し，厳しく注意する保護者は多いでしょうが，総時間と時間帯の規制がうまくできない場合が多いようです。親も，依存的になりつつあるからです。

4. 親や教師，支援者には「子どもを疑ってみる勇気」も必要

　「うちの子は，（学校を）休んでいてもネットにはまってはいません」とい

う不登校の保護者の方が時々いらっしゃいます。このような保護者の方は，二つに分かれます。

　一つは，その子が実際に夢中になっているネット以外の過ごし方がある場合，たとえばあるシリーズ本の購読に夢中，ペットの飼育に夢中，音楽や絵画などの芸術や政治的な話題への傾倒，自宅でできるある鍛錬にはまっている（時に，より深刻な精神的疾患の状態にある），などです。しかし，10代でこれに該当するケースは，かなり少数派だと思われます。

　むしろ多いのはもう一つのパターンです。親が子どものネット依存の状況をまったく把握できていない，という場合です。

　「うちの子は毎日20時間近くも寝ています」とおっしゃる保護者の方もいます。赤ん坊でもなければ，なかなか1日20時間の睡眠を毎日続けるのはかなり難しいので，これが事実であればかなり稀なタイプの睡眠の障害を疑われてしまいます。確認のポイントをお伝えし，あとからうかがってみると，なんのことはない，夜中はずっと自室でネットにはまっていて，昼間に睡眠を取っているだけ，という場合がもっとも多いのです。一晩中，寝ているのかと思ったら「ずっとゲームをしていただけ」ということです。

　ネットやネットゲームに夢中になるような方向性での常識的な範囲を超えたお金の遣い方についても，警戒や監視が必要です。カウンセリングではこの段階になり初めて相談に来られる保護者の方が多いようです。どこかで「うるさい（うざったい）親だ」と思われたくない，できれば「理解のある親だ」と思われたい，という気持ちが強いのかもしれません。あるいは，無意識に自分もネットの世界にはまっていて，それをよくないことだと，思いたくないという無意識，それらと心の中でバランスを取ろうとして，気づかないようにしているのかもしれません。

　保護者の判断が難しくなるのも無理はありません。不登校やひきこもりの状態にはなく，学校がある日は毎朝登校できているし，学校や仕事にほぼ問題なく通えていてアルバイトなどもきちんと務めることができている若者でも，ネットやゲームに依存した生活状態になっていることがあるのです。

　実際「きょうだいの上の子も，似たような状況にあるので，下の子についても，こんなものかと思ってしまいました」というご相談も多いのです。あ

くまでリスクの見極めですから、やはり、慎重になって欲しいと思います。
「何度も酒気帯び運転をしても、事故を起こさなかったもので」というたとえは妥当ではないかもしれませんが、やはり「リスクが高い」状況を放置しておくべきではありません。

もともと不登校やひきこもりについて、決定的な原因など何もなく、あるのはただ、リスクの積み重ねだけであることを考えれば、病気にかかりにくい身体とするために栄養のバランスを考えるのと同じく、心も身体も健やかであるために睡眠の時間と質をよくすることは、重要なことになります。

ネットの世界の「依存症になる条件」は、1，2年であっという間に進化します。1，2学年上のきょうだいの例を出して「こんなものだったので」という判断は、その点からもあまりあてにならないと言えます。

本書が提案する、行動活性化とこれらの依存（最近は「嗜癖」という言い方が勧められていて、ギャンブルやネットなどを「行為嗜癖」とよびますが）は、事実上、表と裏の関係にあるので、行動活性化を進めながら依存を減らす、依存を減らしながら行動活性化を進める、ということになります。

すでにはまっている子と若者に①：会話を進め生活状況をさぐる

ネットやゲームは、ある日突然、異常な依存の状態になるわけではありません。気がついたら、ずいぶん深刻な状況になっていた、ということだと思うので、あらためて、まずはその生活の「おかしさ」を冷静に着目し、振り返る必要があります。教師や支援者も、本人が来談し協力するのであればよいでしょうが、本人の来談は当面難しい、来談するのは保護者だけ、という場合には、保護者と一緒に振り返っていきましょう。

たとえば食事や団らんでは「食事中ずっと画面を操作し、会話に加わらなくなっている（外食先でも！）」「家族の会話とは無関係にネットの情報に反応して声をあげたり笑ったりしている」「頼んだことに対して返事があったのに、あとでまったく聞いてなかったことがわかる」などです。「トイレやお風呂に長く入っていると思ったら、ずっと操作していた」「お風呂に入らず家族が寝室に入った後も、一人リビングで操作している」などです。

ついには「食事を自室に運んで自室で操作しながら食べる」「家族との外

出を断り，一人留守番をしてずっと操作している」というのもあります。「勉強している最中も，『調べ物に必要だ』という理由で机の上に置きたがる」子も増えていますが，これは学習効率のためにもよい方法ではありません。

　そこで，これらの状況について，保護者がこっそりスケジュール表に記録することをおすすめします。

　夕方の5時30分に帰宅して，7時の夕食まで1.5時間，素早く食べ終わった7時30分から9時30分まで，ようやくお風呂にはいったと思ったらお風呂の中で，というように，ネットに夢中になっている時間をさりげなく観察，記録してみましょう。そしてそれをまず家族（親）が振り返ってみましょう。

　その後，できれば本人が落ちついている時，話しかけてよいかを尋ねて「かまわない」との返事があれば，その資料に基づいて本人に話してみます。家族として心配であることをそえて，本人に考えてもらうと，よいでしょう。

　伝え方のコツは「あなたは依存症になっている」「あなたは○○すべきなのにそうしていない」などと，あなた（You）を主語とする表現でなく，いわゆる「アイ・メッセージ」，つまり「わたしは（お父さんは・お母さんは）」から始まる言い方で伝えることをお勧めします。

　「お父さんは太郎が家の中でネットをする時間がとても増えていることが心配で，こんな記録をとってみた」とか「お母さんは最近，食事の時も，食事の前も後も，そして寝る前も，ネットの時間がずっと続いていることを心配に思っている」などです。「残念である」という言い方もあるのですが，また最近の日本語では「残念な人」にほぼイコール「ダメなヤツ」という意味が付与しますから，避けた方がよいでしょう。

　このように，話し言葉というのは，繊細さを求められますので，冷静さを維持するために，学校の先生やカウンセラーなど，第三者の方に，集めたデータと伝え方，子どもの様子などを相談してみるのもよいでしょう（ただし，あらゆる提案に「しばらく様子をみて」という返答しかない場合は見切りをつけてください。残念ながら，わが国の相談員の中にはこのような方針しか提案できないトレーニングを受け，それをそのまま使っている方も相当含まれます）。

　関連してお金遣いのこと，週末の部活動の参加の状況など，朝起きる時の

様子などを家族であれば目につくことも言葉でそえてみるのもよいでしょう。「最近は，部活の練習の参加もしなくなっているみたいだけど……」と。

　本人が気にしていることで，気持ちの準備なく耳に入れてしまうと感情的になってしまいそうなこと，たとえば成績が急に下がったこと，部活動のレギュラーからはずされたこと，仲良しの友達との関係が悪化して孤独を感じていることなどをいきなりつきつけるのは，ひかえておきましょう。これらを急いで問いただしたい，という気持ちは少し危険です。一気に，不満をぶつけるようなかかわりをすると，肝心のネットへの依存の問題を話し合うことはまず不可能になります。

　家族の対応で最も難しいのは，どれだけ冷静であろうとしても，話題を口にしている中で，つい，感情的になってしまうことです。感情のピークは，およそ10秒ですから，まず，10秒，少なくともとりあえず3秒，頭の中で時間を止め，呼吸をととのえ（呼吸をカウントし）たり，ゆっくりと5つ数えてみたりして，自身の感情のピークが過ぎ去るのを自分で観察できるとよいでしょう。

　「大人である家族，親は，ちゃんとコントロールできているが，子どもであるおまえはだらしない」「スマホというのは，このように使っていくべきだ」という「上から目線」な言い方も，子どもの感情を刺激してしまい冷静な会話がしばらく難しくなる典型的なパターンです。

　むしろ，上述した「お父さんだって」「お母さんも実は」といった「アイ・メッセージ」で，スマホに依存した状態に陥りがちであることや陥るのを防ぐために苦労していること，その中で，ついうっかりという失敗もあることなどを話題にするのがよいかもしれません。

　ネットやゲームには，どんなメリットとデメリットがあるか，冷静に話し合って見るのもよいでしょう。冷静にメリットとデメリットを整理してみる，書き出してみる，というのは依存の対策の定番的テクニックです。

　ネットやゲームというのは，ある意味かなり社交的な側面があります。近場で仲良しから，遠くの仲間とつながる時には，海外のゲーム好きと英語で対話などもすることがあるかもしれません（もちろん，それがゆえの危険もありますが）。

ネットによって，圧倒的な広い視野を持とうと思えば，持つこともできます。テレビによく出てくるタレントやスポーツ選手，有名人の意見や感想も読むことができる。そんな話題を出して話し合うといいと思います。よくネットでは，バランスのよい学び方ができない，という言い方がされますが，もともと夢中になって何かを学ぶということは，バランスよくとは相入れないところがあります。
　このようなメリットとデメリットの対比は「やめられない・とまらない」の心の問題についてかかわっていく上での第一歩です。第2章で紹介した動機づけ面接に関連しています。
　改めて確認しますが，ネットについて一切使わないようにすること，ゲームについて一切しなくなることが目的ではありません。どんな使い方が多くなっているのか，本人がコントロールをして，メリハリを立てられるかどうか，意見を求めることも有効です。本人に意見を出してもらう，可能な工夫を言葉にしてもらうのは，とてもよい方法ですから，それがどんどん増えていくように「なるほど」「それもいい手だね」というように，発言に褒め言葉や感心した気持ちが伝わる言い方を添えることも大切にすべきでしょう。
　一度の会話で，いっきに依存の状態を解決解消することをねらう必要はありません。ではその方向で考えていきましょう，と適当なところで話を終え，しばらく依存的なところに変化があるかないか，何か意識を持とうとしている様子がうかがえるかどうかなどの様子を見ましょう。
　少しでも改善の兆しが見えたら，その時でもいいですし，悪くない雰囲気で会話ができそうなタイミングがあればそこででもいいので，できるだけ具体的な行動，態度をとらえて，うれしさを表現した言葉にしてみましょう。「こうしてご飯の時は，やっぱりスマホとかじゃなく，会話ができるといいわよね」などです。「お母さんもついつい，お父さんからのメールなどを読み始めると，そのままだらだらと見続けたりしちゃうこともあるから，気をつけるわね」などと，添えていきます。
　自分はこんな情報に関心がある，ということを先に伝える（自己開示）と，子どもも，気持ちが緩んで，自分はこんなことに興味を持っているということを，教えてもらえるかもしれません。

スマホは「親が契約者で子どもに貸与しているものである」という原則から，パスワードをかけることは禁止して心配があればいつでも内容をチェックしましょう。しかし，これについては年齢にもよりますが，中学生から高校生になると，なかなか難しいものです（小学生にパスワードをゆだねてしまうのはやめましょう）。その意味では，スマホでどんな情報を得ているのかを，うまく会話できる雰囲気を，作っていけると安心です。

すでにはまっている子と若者に②：具体的な支援を提案する対話

かなり深刻な依存の状態にあり，それがなかなか改善に向かわず，こっそり夜中に自室のベッドに持ち込んで睡眠不足になっている，あるいは，ゲームの課金などでお金のトラブルを起こした（最低でも，ネットでは購入できないようにしておくべきでしょうが），ということもよくあります。

その場合でも，怒りの感情をぶつけるのではなく「コントロールするのに苦労している」「制御がきかなくなっている」という言い方で指摘し，力になりたいという意思を表明できるとよいでしょう（「あなたは依存症だ」と身内から言われて，嫌な気持ちにならない子どもも大人もいないはずです）。

学校で，児童生徒向けや保護者向けのネットやゲームへの依存による睡眠のリズムの乱れが，どれだけマイナスでありあとで後悔する結果となるかについての資料の共有があれば，それを使って心配する根拠があって心配していることを，感情を調整しながら（落ち着きの10分を使いながら），話し合えるとよいでしょう。

ネットでもゲームでもさまざまなギャンブルでもそうですが，相手は世界最高レベルの「人をはめるためのテクノロジー」が仕組まれている巨大システムなのです。「こんなくだらないものにはまるのは愚かだ」という意味合いを言葉にするのは極力ひかえてください。ある程度まで「はまるのも無理はない」ことを共感し，だからこそ，敵は強敵であることを前提とした，家族内のチームワークの重要性を話題にできればよいでしょう。

すでにはまっている子と若者に③：ルールの構築にむけて

本章の前半までに紹介した内容は，予防策のための提案でした。そこを読

まれて「今さら遅い」「もっと早くこのような対応を知っていれば」という無念なお気持ちで，今ここを読んでくださっている方も少なくないかと思います。

「学校のある時間帯」や「受診」のルールも購入時の約束もペアレンタルコントロールの知識も，すべては手遅れという段階にある子どもや若者に対して，何ができるでしょうか。

一つは，ネットやゲームについて依存的になっている状況には一切介入せず，ただ，①家族や教師，外部からの支援者として，接点を持ちコミュニケーションが成立するような関係を築くこと，またそういった場を設けることに集中する，②その中で，何か不安や悩みがあればそれをうかがい，その解消にわずかでも手助けできることがあれば提供する，③行動活性化（第4章，第5章に相当する）を先に進められないかを検討し提案する，という方法が使えます。

③については，まさにはまっているネットやゲームに関連することを，提案することもできます。たとえば，命よりも大切にしているように見えるスマホあるいはタブレットを壊してしまった，などのきっかけは大きなチャンスです。

「あれ，画面にヒビがはいっているけど，操作はできているの？」「接続料はかかっているのに，不便じゃ困るだろうから，修理に出かけてみようか？」「父さんはよくわからないし，自分の好みもあるだろうから，一緒に出かけてみようか？」といった問いかけから，でしょうか。

店頭に出かけた後も，話題にできることはたくさんあります。

「やっぱりこのクラスになるとけっこう，いい値段するよね」などと言いながら，本人の気になる様子があれば「また，バイトでも始めてみない？」などと提案してみてもいいですし「父さんも，そろそろ新型にしようかな」などとつぶやきながら，意見をもらったりするのもよいでしょう。

ネットの動画で，好きなミュージシャンの映像にはまっている子であれば，リビングにある大型テレビに，有料チャンネルを増やす作戦を話題にしてもいいでしょう。「音楽にはまっているあなたのために」というのでなく，家族，両親が「プロ野球の地上放送が少なくなったのでそろそろ……」とか，もっともらしい理由をつけて，それをきっかけに対話が生まれるような作戦を計

画します。本人の知識を引き出し，教わる，という会話が基本です。人というのは，自分が持つ知識についてそれを求めている人に伝える時，もっとも饒舌になるものです。要支援者の興味関心があることをしっかり受け入れる親，教師，支援者であることを，本人にわかってもらいましょう。

「あなたが好きなそのミュージシャンの放送を見ることができるチャンネルはないの？」「一緒に申込むと割引になるみたい」などとふってみます。リビングの大画面テレビよりは寝床のスマホ，を選ぶ子が増えているのはたしかですが，このようなわずかな可能性でも，しかけてみましょう。やらなければ展開しませんから，脱出のきっかけが見えにくくなってしまいます。

ずっとひきこもりっきりで学校どころかほとんど外出もしないような状態に対して「何をやっても解決しない」状態を経験してしまうことで，多くの保護者の方や熱心に支援してきた教師や支援者でも，やや抑うつ的になってしまうものです。

抑うつとは，いろいろ症状がありますが，重要なことは前向きなアイディアがわきにくくなることです。

家族や支援者の抑うつを防ぐためにも，①コミュニケーション回復ネタ，②トラブル解消ネタ，③行動活性化のためのきっかけになるネタを思いつくリハビリを継続しながら，支援のきっかけを進めてください。

お金のトラブルがからんだときに

お金であれば，借金（時には家族や職場など手をつけてはいけないお金に手をつけた場合）がきっかけですので，その返済や補填をどうするかということを，時間をかけて進めます。1回きりのことで目覚めてくれることはまず期待できないと考えて，1回目からしっかりした対応をとることが望まれます。

本人とお金のトラブルについて話を進めると同時に，防御策も考えていきましょう。家族のカード番号が利用されているのであれば，すぐに番号変更などの対応をとりましょう。本人の心の改善を待つというのは，改善するためのきっかけをすぐにでも取れたのに取らなかった，ということを意味します。「そこまでするとは思わなかった」「本人の気持ちを確認してから対応したかった」「本人が変わらないと本質的な解消にならないと考えた」という判

断が，おどろくほど大きな額を短時間のうちに失くしてしまう展開となります。

　お金は誰にとっても貴重なもので，その損失はすぐに補えるものではありません。応援している親や家族，関係者を失望させ長いこと解消できない怒りや恨みとなるかもしれません。そしてしばしば，抑うつをもたらします。これが二次的な問題を生むので，お金の問題については最初から大げさな対応や予防策がとても重要です。

　お金の管理以外にも，次のような対策が必要です。具体的には，①できるだけ広い範囲で事実を共有し対応を相談する，②親しき仲にも口約束でなく現物での確認を徹底する，③イヤミやあてつけ，ネチネチした愚痴は極力おさえることです。

　①について避けていただきたいのは，たとえば気づいた母親が父親にもその他にも隠して一人で対応する，というようなやり方です。父親に伝えたら暴力になるかもとか，せっかく進学した学校を止めざるを得ないかもといった，守りたいものの存在が問題の解決を困難にし，改善にむけたタイミングを逸することになります。一人で悩まず，本人とつながりがある関係のあらゆるところと共有できると，繰り返されにくくなります。

　大学生の若者であれば，下のきょうだいをふくめて家族のできるだけ多く，本人からみて祖父母などの親戚，血縁でなくとも本人が信頼している関係（お世話になった，またはなっているコーチなど）などです。友人や恋愛の相手だとメンツのこともあって，いわゆる「ちくられた」といった恨みを買うこともあるので，判断が必要ですが，そこにある信頼の大きさによっては，それもありです。そして早いうちから専門の支援機関を頼ることが望ましいと言えます。多くの人間で見守ることで，トラブルの続発を防ぐことができます。

　中には遠くに住む祖父母，あるいは友人関係から，自分がいかにひどい親子関係にあるかを語って同情をひいてお金を借りることもあります。かなりすさんだ中にあっても平気で（巧みな）嘘をつけるし，過剰な演出ができるというのが，依存症の問題を抱えた方によくある特徴です。

　大学の学生相談から紹介される機関や施設は，学生にありがちなトラブルに対してさまざまな機関とつながっていますし，秘密もしっかり守られますのでお願いすることは有効です。

この手の問題に陥った若者，ひきこもりのリスクがある若者は，話が広がることを徹底して嫌がりますし「二度としないからそれだけはやめて（伝えないで）」と必死に懇願します。それを安易に受け入れない方が，結果的には，事態の悪化を防ぎます。
　②親しき仲にも口約束でなく現物確認を徹底すること，が原則です。しかし，これも身内に対しては難しいかもしれません。例えば，お金に困ると実際に体に痛みがあり，受診するためにもらったお金でさえも，途中でゲームの課金につかえるカードを購入してしまったりパチンコ店に入ってしまう，ということがごくあたりまえに発生します。本人と本人との関係は信じても，依存症という一種の病（病気という扱いで共有するかどうかは慎重に，本人の気持ちがおさまる方向で）を疑う，と理解すべきです。
　徹底的に領収書を確認する，プリペイドカードを活用して現金はなるべく持たせない，です。
　親元を離れている大学生が「教科書の購入が必要だ」などの場合は，できれば親元から通販で直接注文し本人のアパートに郵送する，というような手間も必要になります。
　本人が，自ら改善したいのであれば，多少手間や割増料金がかかっても，現金を手にした時にまだ渇望（やりたい，手に入れたいという強い衝動のことで，依存症治療の領域でよく用いられる）がわくことを避けるためのコストとして有効な手段であると理解してもらえるはずです。
　実際には，やめる気持ちはあるのに信用してもらえないつらさや管理され拘束されている窮屈観，病人扱いされていることで傷つくプライドなどが苦痛をもたらしますが，安易に要求に応じないことも必要です。繰り返しになりますが，本人の人間性は信用してもその心にある依存の心理的メカニズムは徹底して疑うという態度を表明することです。
　そのような，関係が険しくなりがちなところで，さらに気をつけていただきたいことは，③のイヤミや皮肉，あてつけ，またネチネチした愚痴は極力抑えることです。①や②をしっかり対応とる中で，つい，③の抑制がきかなくなってしまう展開は多いものです。せっかくの努力が，③のために十分な成果を生まない，というのは残念なことです。家族が③でうまく対応がとれ

なくなることを防ぐためにも家族自身が，安心して語れたり愚痴を言える支援のネットワークを持つことは，とても有効です。

　なお，暴力の問題の場合にも毅然とした態度が必要です。わが国で合法的合理的に暴力に対抗できる専門家は，警察です。警察に相談したからといって，すぐに本人の将来に影響するような消せない経歴ができあがるわけではありません。最近では，警察内にも心理面から柔軟に対応する担当の方がいるので安心してください。

事例で考える：A太の場合
　A太は，小学校5年生の前半にほぼ完全な不登校になりました。保護者の方には，行動活性化そのものよりも，ネットやゲームに依存的にならないように集中していただきました。結果的にはそれが，その後の行動活性化や漸次的接近の効果を生むことにつながりました。この点で，後に保護者の方からは「学校に登校できなくなったA太にゲームやネット，好きだった番組の再生視聴を禁ずることについては結構悩みました。虐待をしているような気持ちでした。実際，『そこまでしなくてもいいんじゃないの』とアドバイスしてくれる方もありました。しかし，あの時期があったからこそ，5年生後半での回復があったと思っています」という報告がありました。

　最近は，若年層を中心にテレビの録画の再生すらまどろっこしいと，スマホやタブレットでお気に入りのテレビのコンテンツを検索して観るのが一般的になっています。お笑いやスポーツ音楽，いわゆるユーチューバーといわれるネットの中の人気者の映像の視聴などは，学校を休んでいることにともなう焦りの気持ちや不安な考えを頭から追い出してくれます。家族として，苦悩や不機嫌さを伝える表情や様子を見せられるよりは，動画を観て笑っている様子を見た方が安心できるという気持ちはとてもわかるのですが，やはり，依存することのリスクを子どもにはしっかり理解してもらい，支援者からの支えを受けながら対応することを望みます。

事例で考える：C介の場合
　同じくC介は，大学生の4年目はネットにはまり，生活リズムが乱れる

毎日でした。学生にもなると，さまざまな「はまりネタ」がネット上でできあがってかなりの博識，いわゆるマニアックな状態になります。そのため，逆にエネルギーが高まっているようにも見えることがあります。

　昔から大学生のアパシーは，本業についてはまったくの停滞が生じてサークルやアルバイトでは元気に活動する，という「心のエネルギー」については正反対の側面が同じ時期に現れる，という現象が指摘されています。

　最近は，学生の本業（授業の出席，卒業研究などの課題をこなす，就職活動をする，など）がまったく手につかず，その代わりネットの中での付き合いはとてもエネルギッシュでつながりも豊富，という方が増えているようです。

　カウンセリングの中でも，そのネットの中での活躍やつながりぶりを誇らしげに教えてくれる方もいます。その場合は，その中から行動活性化のためのヒントがないか？ を検討することになります。

　しかし，カウンセラーにもそのアドレスやハンドルネームなどを決して教えてくれない場合もあります。もう一つの自分の世界をリアルにつながっている人間（家族，教師，支援者など）には，見せたくないのでしょう。

　C介の場合は，ある政治的な意見を交換する場へのアクセスが多かったようです。自ら発信することはあまりなかったようですが，卒論や就職活動そっちのけで，政治的な話題への関心を深めていました。そのことが，面接での対話のきっかけともなりました。目の前のカウンセラーは，自分が本業以外で夢中になっていることに対して批判的ではないと写ったことが，プラスに作用したようです。

　若者がネットでいろいろなかかわりを持っていることを積極的に見守ったり，あたらず触らずで見守るのではなく，ぎりぎり可能な形でうかがって教えてもらいながら，そこにあるリスク（精神病理の見立てから，自傷他害，破滅的なことへの傾倒の様子など）を見極め，後の行動活性化につながるネタになる可能性をひそかにねらっていく態度が有効でした。

参考文献

樋口進監修（2017）心と体を蝕む「ネット依存」から子どもたちをどう守るのか．ミネルヴァ書房．

第 7 章

睡眠を中心に生活のリズムを整える

> **この章をざっくりと……**
>
> 心のエネルギーを着実に溜め込むためにも，また，行動活性化を効果的に進めるためにも，睡眠のリズムを整える必要がある。リズムが整うことで時間だけでなく眠りの質も確保される。朝のうちに起床して，午前中から活動できるようにしていく。改善のポイントは，「早く寝よう」ではなく「起床時刻を守り続けて」いくことである。

1. 正しい睡眠習慣をとることの大切さ

　不登校の児童生徒，ひきこもりの状態にある若者の多くに，不規則な睡眠，遅く寝て遅く起きるという，いわゆる昼夜逆転，専門的には「睡眠相の後退」が認められます。不登校そのものやひきこもりそのものは精神疾患ではありませんが，さまざまな精神疾患との重複が見られます。その中で，著しい睡眠リズムの障害があれば，それを睡眠障害としてとらえ直し，積極的に診断し治療の対象とすることで，全体的な生活の質の回復につなげようという，医療の取り組みもあります。

　本章では，それについてここで詳しく紹介することはありませんが，睡眠サイクルの回復が，不登校支援の有望な切り口であることは事実です。

　医療機関での診察と治療といってもさまざまで，睡眠に関する専門的な診断もなく入眠導入剤の処方だけというレベルのところから，本格的な検査，服薬治療だけにたよらない丁寧な治療を提供してくれるところもあるようです。

人が，まったく自由に1日のサイクルを刻むことができる状況，つまり，時刻についての手がかりがない状況（時計はもちろん，日照やテレビやラジオなどの手がかりをいっさいなくす）におかれ，完全に体内時計だけで生活すると，おおよそ25時間かそれ以上のサイクルになる，ということが知られています。

　生理的には24時間以上のサイクルにしたがるところを，外界の24時間のサイクルに押し込めるように調整する必要がある中で，ついつい，寝つくのも起きるのも遅くなり，昼夜逆転に進行していくのは，とりわけ若いうちは自然のことです（ちなみに，中高年になると，生物時計はむしろ，24時間より短くなり，そのために早く眠くなり早く目が覚めるサイクルになります）。

　上記のような，外界の手がかりを一切遮断するという実験では，洞穴生活のような状況で行われます。カーテンを閉め切って外出せず，いつも部屋の電灯で生活するようになるひきこもりの生活は，これと同じような状況です。それでも，テレビの視聴があれば，時刻の手かがかりになりますが，外界とのつながりがネットばかりになると，洞穴の中で何日も過ごす状況になるのです。

　朝決まった時間に目が覚め活動し，決まった時間に眠くなる，というのは，健康であれば当然のように達成できること，ではありません。ある設定があって初めて生活リズムが整うのです。そしてそれは若者にとってはなおさら難しい，ことになります。

　睡眠導入剤に頼る治療や入院治療でリズムを正す治療にも，期待どおりの効果を得て，その効果を治療終了後も維持するのは簡単なことではありません。睡眠導入剤による治療はしばしば，寝付きがよくなること以上に，寝起きがひどく悪くなり，昼間も眠気がさしてしまい改善のきっかけにならないばかりか生活の質全体が悪くなることもあります。医療機関によっては残念ながら，学校での充実した活動の価値をかなり低くみなしているところもあります。医療の助言を受ける側として，主体的でかつ慎重に判断すべきです。

　入院治療は，生活リズムを立て直すためには理想的な選択肢ですが，どうしても退院するとまたすぐにもとに戻ってしまう場合も多いのが難点です。

ですから，リズムを変えることだけでなく，退院後も整ったリズムを維持していけるように，その方法を身につけ，家族もそれを理解して退院後も支援できるようにしていきましょう．実際には難しいことです．つまり，睡眠の障害も不登校やひきこもりも生活習慣の維持が課題なのです．

本章では，生活リズムの立て直しとしてその中心となる，睡眠のリズムの整え方，進め方について，誰にとっても基本となることを紹介します．

2. まずは記録をとってみる

第5章で紹介したような活動の記録を使って，睡眠の記録をつけることは基本です．本人が記録するようにできれば理想ですが，難しければ，保護者が支援してもよいでしょう．

認知行動療法でもっとも大切なことは，目標になる行動について記録をつけ続けることです．記録をつけることそのものは，誰にでもできることですが，記録をとり続けることが難しいのです．

世の中には過去にも現在にもさまざまなダイエット法があります．おおむね，それなりに有効な手段だと思われますが，それで目標に到達できるかどうかの違いは，どの手段を選んだか，ではなく，著しく健康を阻害するようなものでなければどの手段でもよく，ただし，記録をしっかりとり続けることができるかどうか，にかかっているようです．粘り強く体重の測定と記録を続ければ，よほどでたらめでなければ成果は得られるし，何よりも大切なことはリバンドもしなくなる．逆に測定と記録をサボるようになると，なかなか結果はついてきません．

何事にも，ある程度までは順調に進んでも，あるところから，成果が見えず，停滞するところがあります〈プラトー（高原）というよび方をします〉．そうなると，結果から目を背けたくなる．そのため，記録をつけなくなり，そうすると停滞どころか逆に悪化することもある．望ましい結果は見たいが望ましくない結果は見たくない，という心理から記録が面倒になる．何より，記録をつけることに行動コスト，つまり，手間がかかるようでは，ますます長続きしにくくなります．

睡眠の話に戻りますが，なんとか，記録をとり続けてもらう必要があります。そのための方法としては，①記録の方法をできるだけシンプルにする，②記録のツールを本人にとってやりやすい方法にする，③生活の流れの中で何か「習慣として固まっている」こと（たとえば，歯磨きなど）に「ひもづけ」して，うっかりつけ忘れることがないようにする，です。さらに④として，周囲がつけていることを褒める，評価する，という関わりをとること，です。

　習慣行動をしっかりと身につけるためには，行動の後に「強化する」（快を随伴させる）だけでなく，その行動の前に手がかりとなるきっかけを伴わせ，行動そのもののコスト，負担をできるだけ小さくする，ということも大切になります。学校教育領域の支援者は，子どものよいところを褒めることばかりに支援の手段を頼りがちです。行動を増やし，習慣化するための支援のヒントは，行動の前に環境側に工夫を重ねることです。

　睡眠の記録についてですが，「寝る時刻」の記録を寝る時につける，というのは無理ですから，当然，翌朝に起床した後以降に行うことになります。目を覚ました直後，まだ頭がすっきりしないうちに，前向きな気分を起こして記録する，というのは，若年層にとっては難しいものです。前夜眠りに落ちた時刻（寝床にはいった時刻と差があるならそれぞれ）を翌日の日中に記録するのがよい，ということになりますが，うっかりして忘れやすい。そして夜を迎えてしまいます。夜は，したいこともしなければならないことも多い。それで，つい前夜に寝た時刻の記録をつけないまま，24時間以上が経過してしまいます。

　ですから，毎日ほぼ決まった時間に必ずすることに「ひもづけ」することが有効です。そしてその「必ずする習慣」を行う場所の近くに，睡眠の記録のセットを置いておくのが一番よい，ことになります。

　記録用のノートを用意するのは悪くないのですが，そのノートを本棚やどこかの引き出しの中に入れておく，そのノートとは違う場所にある筆記用具を用意しないといけない，ということでは，継続は難しくなります。

　削った鉛筆を挟んだバインダーに用意した記録用紙とともに挟んでおく，それを，昼食や夕食をとるところの近くに置く，ということなどがお勧めです。他に，不登校やひきこもりでもすることと言えば，歯磨き，パソコンを

開く，などでしょうから，その近くのスペースに，邪魔にならない，ぬれたりしないところに立てておく，ひもでぶら下げておく，というのがよさそうです。使うペンも，キャップをはずすだと面倒なので，意外と鉛筆だと，キャップもなくインクで汚さないし，すぐにそのまま書ける，というので，長く継続するのに有利なようです。記録表の1日ぶんの太さを，マーカーペンの太さにほぼあわせておき，それで塗りつぶすという方法も，キャップを外す手間は必要ですが，手間がカットされます。

　パソコンや情報端末に保存したファイル，エクセル等にその度入力するというのは，あまりおすすめできません。立ち上げる，ファイルをひらく，という手間がどうしても面倒となります。睡眠アプリで，うまく記録できるのがあればいいのですが，スマホアプリは，寝る前にスマホを操作してしまうのを誘発する危険と背中合わせです。子どもの支援にはあまり有効ではないかもしれません。

　人間というのは，つくづく，ものぐさな生き物なのです。増やしたい行動の手間は減らし，減らしたい行動の手間は増やす，が原則です。

　図7-1に，睡眠記録（睡眠ログ）の例をあげました。これはエクセルで作成したものですが，横軸が24時間になっていて，昼寝や二度寝を含めた睡眠していた時刻を鉛筆で塗りつぶすあるいはラインマーカーで線を引いてみましょう。そして，曜日の影響を考えてみましょう。図7-2は，睡眠の改善が睡眠記録でどのように確認できるかを示すためのサンプルです。面接では，睡眠がこのように変化したことが，生活全体，特に気分にどのような影響をもたらしたか，話題にできるとよいでしょう。

原則①「『早く寝る』でなく『起きたら横にならない』で整える」

　日本人の国民性として「しっかり寝ること」についてあまり価値を置かないところがあります。どちらかといえば，「睡眠を削っての努力」を高く評価し，それを勤勉とし，美徳とみなすところがあります。しっかり寝る習慣を持てている人について「うらやましい」などの言い方には，いくらか皮肉の意味が含まれることもあります。さすがに最近は，受験生に向けて，「○時間以上寝ているようでは合格できない」というような指導をする大人は

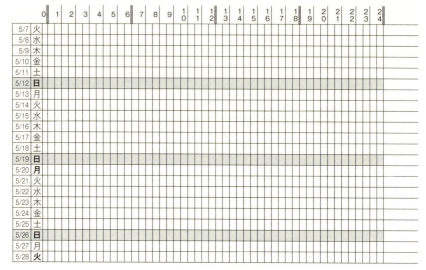

図 7-1　睡眠記録の例

減ってきているようですが絶滅はしてません。

　不登校のきっかけは，たいてい，朝から気持ちが悪い，頭が痛い（重い），お腹が痛い，便が緩い，吐き気がする，微熱がある（寒気がする），食欲がない，といった身体症状ですが，これらはことごとく，睡眠の時間の不足，睡眠の質が悪いままで朝をむかえた時の症状と重なります。

　睡眠のリズムの立て直しについての大原則は，「早く寝る」ことを求めてもあまり意味がなく，「適切な時間に起きてそのまま起き続けること」で整える，ことです。

　このことを理解するために，次の想像をしてみてください。実際の相談面接でも，説明に使う例です。目の前に拳銃をつきつけられ，「2分以内に眠りに落ちないと撃ち殺す」と脅されたらどうでしょう。死ぬのは嫌ですが，だったら2分で眠りに落ちることができるでしょうか。

　では逆に，熟睡していたところをいきなり起こされ，「2分以内にはっきり目を覚まさないと撃ち殺す」と言われたらどうでしょう。「2分じゃ足りない」という人はいません。2秒で十分でしょう。

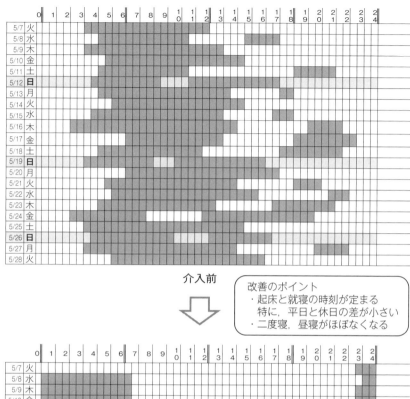

図 7-2 介入の前後での睡眠記録（睡眠ログ）の変化

このことからわかるように、プレッシャーをかけられて眠る、というのはとうてい無理なことなのです。多くの家庭で大人は子どもに、この無理なことを求めます。もっとも、小学校の低学年くらいまでなら「まだ眠くない」といっていた子も、暗くて静かな部屋におけば、眠りに落ちてくれるでしょう。しかしそれを、10才をすぎた子に期待しても難しいものです。命令でうながせるものではないのです。多くの親は、子どもがまだ幼いころ、「早く寝なさい」といって寝付いてくれた経験をもって、思春期の子に逆効果となる指示を出しています。

実際に、眠くもないのに眠ろうとすることから、「眠れなくて苦しい」のパターンは始まることも知っておいてください。明日は重要な日だという前夜に、いつもより早く寝床に入ることは、高い確率で、「眠れなくて不安になり不安だからますます眠れない」という悪循環を引き起こします。

何につけ、無理なことを要支援者に無理に勧める、求める、というのは、心理学的な支援の専門家としては、できる限りさけたいものです。この人の指示はなかなか実行できないことが多い、という印象形式は、改善意欲の低下とマイナスの気分、自己評価のどちらか、あるいは両方を残すばかりになります。

むしろ、起きるべき時刻（通常、登校するために起きる必要のある時刻）には寝不足であっても起きて、二度寝をせず背骨を立てて過ごすことで改善を目指します。

「朝、起こすのですが、また寝てしまいます」とお困りの保護者は多いのですが、まず、本人の意志にではなく、環境や身体に働きかけることから進めましょう。①部屋をできるだけ明るくする、②布団やベッドから出てもらう（やんわりと布団をはがす）、③寝床から出ても床やソファなどに横になるのを制止する（イスに座らせるなど、背骨を垂直にした姿勢を続ける）、せめて、机やテーブルに突っ伏した姿勢でいてもらう、ことが目標になります（突っ伏し寝で、1時間以上も深く眠ることは子どもでもまず不可能です）。

カーテンを開けてできるだけ明るくすることは、嫌がらせのようですが、大切なことです。まぶたが閉じてもまぶたの外の明るさを感じるくらいが、いいです。このほか、テレビなどの音量を大きめにする、掃除機などで大き

な音を出すことも有効です。直接子どもの部屋をかけなくても，外の廊下でかけるだけでも効果はあります。階段の上り下りで音や振動を大きくする，大きな声で会話する，換気のためとして冷気を入れる，というようなこともよいでしょう（少なくとも，本人が「明日は登校する，したい」と自分から言った翌朝には，これくらいしても許されるはずです）。

原則②「月曜日の朝のために日曜日の朝と午前中に活動する」

　月曜日の朝に，よいイメージを持てている子ども，大学生，そして会社勤めの大人の方は，どれだけいるでしょうか。

　不登校の最初のきっかけの休みは月曜日が多く，登校しぶり，休みが多い子は月曜日の朝をもっとも苦手とします。

　そのことを知って，日曜日の夜に「早く寝なさい」と注意することは，ごく普通多くの家庭で行われていることです。これは間違いだと思います。正しいのは，日曜日（翌日から学校がある）の「朝」に起きる時刻を適切にすることと，日曜日の午前中に二度寝（寝具に入るだけでなくリビングのソファ等でも同じ）をせず，起き続けること，背骨を立てて過ごすこと，です。

　せっかくの週末ですから，少しゆっくりできたらいいという考え方もあります。だったら，金曜日の夜に多少遅くまで起きていてもよいことにするのが合理的です。その結果，土曜日の朝は少し遅くなりがちでもよいことにしましょう。とはいえ，できれば平日に起きるべき時刻の１時間遅れ以内で，起床することにとどめたいものです。

　一週間の中で，多少遅めが許されるのは，金曜日の寝る時間と土曜日の朝です。原則としてそこだけです。日曜日の朝は，どんなに寝不足で眠くても，起きて，起き続ける。そのことを守らなければならないという意識があれば，土曜日の夜も，ある程度のところで休むようになります。それで，一週間の睡眠リズムが適正になります。

　野球の一流選手は，自分の打席だけでしっかり構えボールを見ているのではありません。その前に，さまざまな準備の連続があります。打席に入ってからの準備があり，その前に打席に入る際の準備があり，その前にネクストバッターボックス（次の打者が待つ場所）での準備があり，さらにはそのボッ

クスに入るまでの準備，ベンチにいる時の準備，というように。

　スポーツでは，これらをルーティーンと表現します。睡眠のリズムを整える，質のよい睡眠をとれるようにする（「時間は十分寝ているのに疲れがとれず昼間に眠くなる」ということがない睡眠をとる，という意味）には，できれば毎晩，この同じパターンの繰り返しにする，ということが有効です。

　最近は，「眠育」といって，幼いころからの睡眠の習慣作りを重視する活動もあります。その効果はあります。もちろん単に，不登校やひきこもりの未然防止，改善というだけでなく，学習から運動などさまざまな活動のパフォーマンスを発揮する，心と体の健康の維持のために，よい睡眠をとれる習慣をつくり，維持するのにつなげることが期待されます。

　最近は，発達障害のブームと言われるほど，学校現場では，発達障害の疑い，その枠組みからの支援，ということが言われています。さまざまな功罪があるでしょうが，明らかなことの一つとして，よい睡眠をとれていない児童が，午前中から授業に集中できず，それが続くために，発達障害の見立てをされてしまっているケースが多い，ということです。

　眠気がある時には，何か刺激的な言動をとりがちになる，ということは，大人でもあることです。

原則③「夜の眠りの時刻によい寝付きのために有利な条件をそろえる」

　昼寝は，病気で必要とするわけでなければ整えることが求められます。推奨されるのは，できるだけ短い時間（15分からせいぜい30分以内）で，横にならずに（机でのうつぶせ寝，あるいは，ソファでもよいが上体を起こした姿勢で），しかもそれは，夜の眠りの8時間前までとする，が大人の睡眠をよくするためのガイドラインとして勧められています。

　夕方から夜の過ごし方も，夜の眠りのためによいリズムをルーティーンにできるとよいでしょう。

　夕食は寝るべき時刻から，最低でも3時間以上離すのが目安です。朝の調子がわるいと，いわゆる朝ご飯を口にしない，昼食と朝食は兼ねる，ということになりがちで，その結果，夕食のボリュームが多くなりがちです。胃の負担が大きくなるような夕食を，寝る1，2時間前に，というのは，寝付き

を悪くするだけでなく，より重要な睡眠時間の前半の，深い眠りをとるべき時間の眠りの質を低下させますので，朝の不調を家族が支えているようなものです。

　もっとも，夕食を急に減らし，結果的に夜中に夜食なり間食なりを，というのは，さらに望ましくない結果を招きます。段階的に夕食時刻を早めにする，段階的に朝と昼にしっかり食べられるようにしていき，逆に夕ご飯の量を適正にしていくことが必要になります。夜中に，カフェイン成分をふくむ飲みものをとる習慣があれば，他に替えてください。これも段階的に，量を減らす，似たような飲み味のものを用意するという手もあります。

　食事だけでなく，寝る前の過ごし方として，興奮するようなことに浸る，明るすぎる部屋で過ごす，ということも，脳に自然な眠気がさすのを妨げないために必要となります。入浴は，寝る前に入ればよさそうですが，実は，体の深いところに熱がこもった状態は，寝付きによくないということがわかっています。体温を少し低下されることと，眠気がさすことはパラレルなのです。

　もちろん，寝る前にお風呂に入らない方がよい，ということではありません。最低でも1時間できれば90分以上かけて，温まった体をいったん冷やしたところだと眠くなりやすくなります。その生理的メカニズムを活かすように習慣を形成していきます。

　寝るべき時間に眠気がさすようにするための，もう一つの工夫が，寝るべき時刻のおおよそ15時間前に日光に曝されるようにすることです。これによって，睡眠リズムが整ってくる，ということがわかっています。メラトニンという催眠ホルモンが，15時間ほど前に目から日光による明るい光を多く取り込むことで準備されます。

　夜の11時に眠くなるようにするには朝の8時前後です（厳密でなく，1・2時間程の幅をもって考えていいです），10時にさすためには朝の7時前後，ということです。ちょうど，学校に登校する時間にあたります。

　登校できていない，ひきこもった生活をしている，という場合でも，小学生であれば7時ごろ，中学生以上ではおそくても8時ごろまでに起きて，遮光カーテンを閉め切ったような部屋でなく，外の光が十分差し込む部屋，で，

起きてもらうようにします。この時間に外出をする、ということができれば、夜の眠気のためにとても有効である、ということになります。

　なお、念のために付け加えますが、室内の電灯の明かりは、メラトニンの分泌には不十分です。できれば屋外ですが、せめて、外の光がしっかり入る室内としてください。自家用車の中でも、家の中よりはましですが、できれば、リアシートよりは助手席の方がいいかもしれません。

　朝起きても、布団の中で過ごす、カーテンを閉め切った暗い部屋で横になっている、というのが、いかに、眠るべき時刻に眠くならないことの原因になっているかがわかります。

　このように、「寝るべき時刻に寝る」ことに関しては、努力、意識を持たせることで眠る、のではなく、眠くなる諸条件を、なるべく寝るべき時刻に調整すること、そして、第6章で紹介したような配慮で、ゲームやネットを制限して、眠るようにできるとよい、ということになります。リズムを整えるための努力は、起きること、起きたらそのまま起き続けること、です。

原則④「寝床はできるだけ寝るためだけのスペースにする」

　人間が行うことには、意志の力、努力ですべきことと、意志や努力ではなんともならない反応に、分けられます。後者については、「意志の力」をまったくアテにせず、あとは「有利な条件をできるだけ重ねること」にすべきです。そして、その「有利な条件」には条件づけの原理を用います。認知行動療法がそのベースにする条件づけには、二種類ありますが、ここでいう条件付けはレスポンデント条件づけ（古典的条件づけとも）にあたります。

　パブロフの条件づけ、と言ったほうがわかりやすいかもしれません。メトロノームの音を聞かせてから餌をあたえるようにしておけば、食べることもできない栄養にもならないメトロノームの音だけで唾液が分泌される、という有名な実験です。「レモン」と聞くだけで口の中に唾液があふれる、のと同じです。

　この話とどうつながるかというと、床、ベッド、布団や毛布、枕やシーツという寝具全体と、眠気がさすという、意のままにはなりにくい生理的反応をうまく条件づけるようにするのです。

先にあげたパブロフの犬ですが，メトロノームの音を，餌を上げる時に聞かせるようにしても，それ以外の，餌に関係ない時までも，たびたび聞かせていたとしたらどうでしょう。メトロノームの音で唾液を分泌するようにはならないはずです。

　そもそも，長い歴史の中で，洋の東西を問わず，人間は，寝室，寝るためのスペースはその他の生活の領域と区別するように工夫してきました。もちろん，それなりに贅沢なことではあるので，経済状況にもよってですが，なるべくそうしようとしてきた。それは，おそらく，寝るためのスペースはそれ専用にすることで，よい睡眠と，その結果の健康，高いパフォーマンスが手にはいることを知っていたのではないかと推測できます。

　寝具の中におさまって，部屋を暗くすれば自然と眠くなるように，条件づけをより強固にするためには，メトロノームの音と餌を結びつけたのと同じように，眠る時には寝具の中で過ごす，という対応づけを明確にする，ことが必要となります。メトロノームの音がするのに餌がもらえない，メトロノームの音がしないのに餌がもらえる，というバラバラの組み合わせでは，条件づけは成立しません。

　眠くもないのに，寝具の中でスマホを見ている，テレビを観ている，本や漫画を読む，音楽を聞きながら雑誌を読み，飲食する，という習慣は，寝具に入れば自然と眠気が差しやすくなる，という条件づけを阻害することになります。

　狭いワンルームのアパート，あるいは，自室でひきこもって，そこで食事を含めあらゆる過ごし方をするようになると，普段からベッドや寝床が寝具のためだけのスペースではなくなるので，条件づけの効果を期待することが難しくなります。ベッドまわりにはものを置かず，もしいま手を伸ばすといろいろなものが手に入る状態の場合には，まず機会を見つけてそれらを整理することから進めるのもよいでしょう。

3. 面接で睡眠に関する習慣を具体的に集めるコツ

　残念ながら，多くの医療機関においても，10代から20代の若者に，睡眠

の習慣の乱れを丁寧にうかがって，それを習慣のレベルでとりあげる，ということはなかなか期待できません。睡眠障害としての治療に積極的な機関に限られるようです。長いこと，睡眠導入剤による治療に依存してきたところは否定できず，面接で丁寧に情報を集めた上での指導のスキルが低下してしまった面もあると言えるでしょう。

学校での教育相談などでも，表7-1にあるような質問を進めることで，睡眠に影響する生活習慣の問題を確認することができます。

事例 A 太の場合

A 太の家族は，もともと，寝る時間が遅くなりがちでした。それが原因と言っても仕方ないことですが，両親がフルタイムの仕事，しかもそれぞれ帰宅が遅くなりがち，きょうだいが上にいる，という場合は，学校が終わってから就寝するまでの5時間ほどのうち，どうしても，刺激の強い活動が遅い時間に偏りがちです。

夕食が遅くなりがち，遅い夕食の後の1～2時間に，宿題をこなす（早くすませられればいいのでしょうけど），お風呂に入る，テレビやゲームの気晴らしをする，などを，詰め込むことになります。家族の団らんもその時間帯になりますので（団らんも重要ですが），そこで家族もそろった刺激的なやりとりが起こりやすくなる。部屋を暗くする，ということもない。そこで，眠くなるのが遅くなります。

母親自身には，A太の休みが多くなって小5の秋から，勤務時間の調整（残業なし，の配慮だったので，大幅な調整というほどでもないのですが）をして取り組んでもらいました。家族の団らんは，週末の早い時間帯にして，もともと料理好きだった父親が早いうちから晩ご飯の用意に取り組み，それにA太を巻き込んだりして（自宅内での行動活性化），それのための買い物を，少し遠いけれど食材が豊富で，A太が楽しめるゲームコーナーも充実している大型店へ一緒に出かけるようにしました（外出の行動活性化）。

その代わり，平日は，どうしても帰宅が遅くなることが多い父親，そして，部活動で帰りが遅くなる姉は，家族での夕食のタイミングからはずれるのを前提とし，一週間のうち，ほぼ毎日A太は19時30分までに夕食をすませ，

表 7-1　睡眠の習慣を確認する面接での質問の進め方

- 「(例えば) 昨夜はいつごろ眠りましたか？」
  ※身近なところから聞くと記憶は鮮明である。
  「たまたま昨夜は○○があって」などと「言い訳」を述べる方が多いが，結局その○○を，睡眠より優先していることがわかる。
- 「寝具に入ってすぐ寝つけましたか？」
  「眠りにつくまでの寝具の中での過ごし方はどうでしたか？毎晩同じですか？」
  ※「最近の睡眠はどうですか？」という質問よりも，昨夜はどう？と，具体的に尋ね，それに基づいて「最近はだいたいこんなものですか」と確認した方が，抵抗は小さい。
- 「眠りにつくまで寝具の中での過ごし方で，多いことを教えてください」
- 「寝付きが悪くなっているとしたら，何が原因だと思いますか？」
- 「『寝落ち』でないと眠りにつけない，ということはありませんか？」
- 「『寝落ち』にはどんなパターンが多いですか，その内容は？」
- 「部屋を明るくしたままでないと眠れない，ということはありませんか？」
- 「途中で覚める，覚めてふたたび寝付けない，ということはありますか？」
- 「寝付けない時の過ごし方は何かありますか，寝具から出ますか？」
- 「そのほか，何か眠りをさまたげていることはありませんか？」
- 「(お酒を飲む方に) 夕方から眠りにつくまでのお酒の摂取はありますか？」
- 「早く眠りたいのに寝付けない時，どんなことをしますか？」
- 「飲食しないとよく眠れない，という感覚はありますか？」
- 「夕食はいつ頃になりますか，夜食，夜の間食の習慣はありませんか？」
- 「お風呂はだいたいどの時刻にとりますか，湯船につかりますか？」
- 「寝る前の 90 分ほどはどこで何をして過ごすことが多いですか？」
- 「今日はいつに寝具から出ることができましたか？」
- 「起きてからどのくらい寝具の中にいましたか？」
- 「起きてから真っ先にすることは何ですか？」
- 「朝食のあとの午前中は何をして過ごしましたか？」

21 時 00 分までにはお風呂もすませ，お風呂に入る時間にはゲームやネットを終了させるリズムを回復しました。

　もちろん，昼間の活動が少なめなので，夜になっても眠くない，と不満をもらすこともあったようですが，睡眠の記録をとって，寝つくのが遅くなることがあっても，起きる時間を遅くすることはないようにしました。

　一番の問題は，昼間の留守中に寝ないこと，でしたが，しばしば近くの祖

父母が「監視と昼食」のために来てくださり，取り組みやすいプリント課題やネットではない画面を見ながら体を動かすゲーム機だけはOK（何時間もはまることはなかった），ということで，過ごすことができました。

そんな中で，ほどよい退屈が見られたので，行動活性化，放課後登校，漸次的接近が効率よく進みました。

母親は，A太が中学校1年を順調に送るのを確かめてから，元の勤務時間に戻しましたが，「残業なし，は私自身のメンタルにとっても，必要だったことがわかりました」と，中学校の教師に語ったそうです。

不登校で引きこもりとなり，生活リズムが乱れてしまった場合の改善のポイントは家族の協力，家族全体の生活のあり方の変化です。小学校から中学校くらいだと，その影響はとても大きいようです。

「子どもの登校」と「家族の仕事，家族の生活」のどちらを優先するか，どちらを犠牲にするか，という構造でとらえるのではなく，新しいあり方を探していく中で，要支援者をふくむ家族全員が，健康で楽しく生活できるあり方を見つけることができた，よい事例でした。

特に，平日と休日のメリハリや妥協策は，今の日本の多くのご家庭にとって有効ではないかと考えます。

事例B美の場合

休みが多くなった中1の冬休みは，B美の生活リズムが大きく崩れたきっかけでした。もちろん，それまでも，スマホ，その前には自宅のパソコンで，いろいろな情報を集めることができていました。

夏休みは期間が長く，冬休みは短いですが家族そろって夜更かしになりやすく，春休みは課題も少なく交友関係が一気に広がりやすいため，それぞれ，生活の乱れが深刻化しやすい状況にあります。生活リズムを元に戻すためには3日が目安になります。

極端な例ですが，大晦日に，家族で夜の24時過ぎまで起きていて，元旦は遅く起きる，ということがあれば，2日連続して生活リズムが崩れることになります。しかし，1月2日からは，しっかり家族そろって午前中から外出の予定を入れる，そのために眠いという人がいてもしっかり起きる（起こ

す），そして，二度寝，昼寝にならないようなスケジュールとして，2日の夜は眠気をしっかり引き出して就寝する，というように調整していきましょう。

　中1の終わりに母親だけの来談となった時から，その点を確認しました。生活習慣の話題というのは，多くの保護者にとって，受け入れやすい話題です。しかも，親の不手際，としてではなく，家庭家族のいろいろな事情があって，そのような状況になっていることとして，うかがうことができるとよいでしょう。「……ということですが，そこにはどのような（ご家庭の，ご両親の）事情があるのでしょうか……」という質問を重ねることで，人ではなく事情が原因となっており，その事情の背景には他の事情がある，ということを前提としてセラピストは理解したがっていることが伝わるとよいでしょう。

　この時，母親はカウンセラーから「母親としてのこれまでの育て方」について，あれこれ指摘されることを覚悟し，内心恐れて，やってきたそうです。ついつい，甘やかして育ててしまった，その反面，しっかりと悩みを聞いてあげることもしなかった，など，反省することばかりだったのですが，そのようなことが話題の中心になることは一切なく，家族全体の生活状況を確認した上で，「今までのリスクを小さくし，チャンスをうかがいましょう」という提案が，ホッとできるものだったとのことです。

　よく，来談者の話の枠組みで面接を進める，ということを重視するあまり，このような保護者の自分自身の今と過去を責める考えに，じっくりつきあってしまう面接があります。筆者は「それはそれ」としてうかがいつつも，そこだけに関心がいるわけではない，としてやんわりと話を変えるようにし，時に「そういう事情があればそういうお考えにもなりますよねえ」と応え，責任の持ちすぎを緩和するようにします。B美さんのお母さんにもそう心がけました。

　セラピストとしても，お母さんに方針を理解していただき，認知行動療法の協力者になってもらえるかどうか，初回でのやりとりがきわめて重要になります。その意味ではむしろ，母親だけの来談になったことを，有効に使うことができました。認知行動療法の場合，「誰も悪者にしない姿勢」を貫きやすいのです。

　とはいえ，もともとは元気もあり，ただでさえ芸能のことに関心ある中2

の女の子を，ネットづけの状態から引き離す，そして生活リズムを整えるのには，かなり難航しました。まずは，とにかく，平日の夜，自室にスマホを持ち込んでいたのを制限したのですが，それには粘り強いかかわりが必要でした。

　B美本人も，「睡眠もよくとれないし，よくないのはわかっているけど，学校のことなども含めて，仲間とのメールはやめられない」という気持ちがあるようでした。もちろん，メールだけをしていたわけではないのですが，いわゆる「怖いものみたさ（知りたさ）」で，学校の仲間の間でどんなことが起きているか，とりわけ学校をずっと休んでいる自分のことがどのように話題になっているか，が気になり，そのことに関連する断片的な情報をメールでもらっては，不安を感じ，それを緩和するために，さまざまなブログや動画サイトを見ずにはいられない，という悪循環でした。

　そのような苦しい悪循環からどう抜け出せるか，いまの状態は，メールを送ってくれている仲良しの友達の生活にとってもどうなのか？　ということを話題にしました。自分が仲良しの子に悪い影響をもたらしているかもしれない，ということには，かなり敏感なところがあるので，その話題を持ち出した時には，かなり思い詰めたようでもありました。

　そのような中で，何とか，23時（母親が寝る時間）にはスマホを渡すことを承諾してくれました（もちろん，本来は中学生が親に承諾するような筋の話ではないのですが，このような展開においてはやむを得ない経過です）。

　それによって，睡眠が少しずつ改善し，朝もいくらか目覚めがよくなり，家の中のことをしてくれたり，勉強に手をつけたり，NHKの英会話番組を観るようになったり（好きなタレントがレギュラーだった）と，家庭内の行動活性化が進みました。そのうち，休日の外出，母親と買い物をする，など外出の行動活性化も進んでいったのです。

事例C介の場合

　睡眠の記録をつけてもらうことは，やはり重要な支援となりました。ただし，これについては，あまり説得的なかかわりをとらず，しかし面接を続ける上ではこれは継続してつけていただくもの，という枠付けが最初にできて

いたので（同時にうつ気分の評定も），それを定期的に振り返って，気分と睡眠の関連を実感してもらうことに成功しました。

　すでに触れましたが，アパートの整理もとても有効でした。ベッドとベッド以外の空間が，区別ない状況になっていたので，セラピストとは男性同士ということで，恥ずかしい気持ちもなく，部屋の中の写メを撮ってもらい，部屋の整理状況を確認しながらほめていき，とりわけ寝床周辺の整理，を進めました。なかなかスマホを離したところに置いて就寝するということの達成は不可能でしたが，それは，最近の大学生でもあたりまえのことなので，そこは本人にまかせました。

　睡眠リズムも，就職活動の時期までしっかり整うことはありませんでしたが，起きても横になっていることが減り，「せっかくの授業料の元をとるために」始めた大学の図書館利用が習慣化したことで，結果的にエネルギーが溜まるリズムに回復することができました。

第8章

漸次的接近でふたたび通えるようにする

> **この章をざっくりと……**
>
> かつて通えていた学校や教室にあるいは新しい居場所に通えるようにするため，段階的な回復を進める技法が漸次的接近である。目標までの経路をスモールステップ化し，「行けるところまで」の接近を繰り返す。そのための支援のコツを紹介する。学校内の別室（適応教室）から通常の教室へ，という希望が本人に芽生えた際にも，同じくこの方法を使うことができる。

1. 漸次的接近とは

　漸次的接近（successive approximation）は，不登校の支援に限らず，段階的な行動変容の全般を指す用語です。

　例えば「リモコンでテレビをつける」といった単純な動作を獲得するために，この行動をいくつかの要素に分解する必要はないでしょう。ところが，「ノートパソコンを開いて電源を入れエクセルを立ち上げて……グラフを完成し印刷する」という多くの手順の流れがある行動の場合，いくつもの要素に分解して（スモールステップ化して）習得してもらい，さらにそれらを順序よく実行することを学ばなくてはなりません。

　後者のような複雑な行動を獲得してもらうための手続きを漸次的接近とよびます。

　複数の要素からなる行動を形成する場合，実行する順番のとおりに習得す

る必要はありません。上述の例では，マウスを操作して印刷するという，達成感が得られやすいところからでいいです。むしろそのほうが効率的に学んでもらえます。しかし，先に進めるたびに不安や緊張が高まっていくような行動の形成や回復には，不安が小さい最初の段階から順序通りに獲得していく必要があります。漸次的接近はこのような行動形成でよく用いられる用語です。

最初のチャレンジで，教室まですっと入れてしまう子はごくわずかです。圧倒的多数は，すんなりいきません。その場合，学校や教室までの復帰において，この手続きを通過していくことになります。不安が高まる行動を段階的に，しかも，実際の登校経路で反復するという意味で，段階的に進めるエクスポージャー（graded exposure）という，別の認知行動療法の用語でとらえることもできます（第2章参照のこと）。

不登校だけでなく，「休職していた職場」「人混みの中，高所」など，幼い子どもから成人までの，さまざまな経緯から不安や緊張を覚えるようになった要支援者の方に対して，ある状況や刺激への接近を可能とするための認知行動療法として用いられます。また，職場復帰を前にして漠然とした不安があるが克服したいという成人の方にも，勤務先に向けて似たような手続きをとることがあります。何とか克服したいという気持ちがあれば広く使える認知行動療法です。できれば，第9章のエクスポージャーの解説とつなげて互いを参照しつつ読み進めてください。

2. 家庭訪問で動機づけを刺激する

教師や相談員，カウンセラーなどが，事前に要支援者にあたる本人と家族から許可を得た上で家庭訪問を実施し，学校（あるいは継続して支援を受けられる場所）まで接近してみることを提案するのが，漸次的接近の第一歩となります。

動機づけという言葉があることから，人の心に動機を注入するかのように考えがちですが，そうではなく，すでに要支援者の中にある動機を刺激するような言葉かけや対話を，要支援者の表情を慎重にモニターしながら展開で

きるとよいでしょう。

　そのための動機の刺激につながる，漸次的接近の提案や誘い方には，いくつかの便利なフレーズがありますので，以下に8つ紹介します。

● 誘いのフレーズ1：「**行けるところまででいいのです**」
　学校に向かってじわじわと進むことになるのですが，「学校に到達しないと意味がない」ではありません。よく誤解があることなので，説明の段階ではっきりと確認しておくことが大切です。学校どころか，玄関の前，マンションを降りたところまででもまったくかまいません。そう言ってしまったら，「学校までなんか絶対無理だよ」と言う子がいるかもしれませんが，それでもいいのです。わずかなことでも，「しばらくやっていないこと」を本人に取り組んでもらう点に意義があり，そこから漸次的接近はスタートします。これは，その働きかけを見守る保護者の方に向けたメッセージとしても大切です。

● 誘いのフレーズ2：「**準備や身なりは自由ですから**」
　多くの不登校の子は，他人の視線を気にします。「私服がよい」ということもあれば「制服でないと恥ずかしい」という子もいます。どちらでもかまいません。保護者の方にも「どちらでもかまわない」ということを理解してもらいます。親子で相談してもらってもいいでしょう。持ち物も，手ぶらでもいいし，学校に通う鞄をかかえていた方が落ち着くならそれでもかまいません。制服のある学校であればそれが望まれますが（実際多くの子はそれを希望するものですが），選んでもらってかまいません。

● 誘いのフレーズ3：「**（再登校を）判断するきっかけになるかもよ**」
　まず，通っていた（籍が残っている）学校や大学について，「自分が通っていた学校というところの価値について『改めて考えてみる』きっかけにできるかもしれません」という提案です。たとえば次のように声をかけます。
　「学校に戻る（再登校）かどうか，悩むところですね……，そのような中でもし実際の学校を，せめて遠くから校舎だけでもいいので自分の目で見て

みると,『ああ,やっぱりここは無理だな』とか『やっぱり通えるようになれたらいいな』とか,自分がどんな『やっぱり』の気持ちになるのか,確かめることができるかもしれませんよ」。

つまり,「気持ちの確認」のための取り組みであることを強調します。学校には十分に関心があっても「学校に近づいてみたら,それで周りが自分に期待して,その後すぐに本格的な登校を始めなければならなくなるのでは」という誤解もあるので,それを解いておきましょう。

教室で授業を受けることは「無理」と言っている子どもでも,学校の先生(の一部)には期待があり,少しでも学習指導を受け,(「進学にむけて有利にするために」でもよい)成績に影響する定期試験を受けたい,欠席数を少なくする実績を作りたい,といった気持ちがある子もいます。それには支援者として共感し,支持し,それがさらに有利になるあり方を提案していきます。

● 誘いのフレーズ４:「(学校に着けば)登校したことになるかもね」

学校に着いて,誰か教職員に会うことができれば,「それだけでもその日は『欠席』ではなく『登校』になるかもしれないね。校長先生に確認してみてもいいね」などとささやくこともできます。いわゆる「校門タッチ」という方法です。

不登校の多くの子は,「出席」か「欠席」かの記録が残され,その集計は後にさまざまなところに影響することを知っていますが,「出席は将来の進路に影響する」ことまではあえて言葉にしません。プレッシャーをかけるのが狙いではありませんし,かけるつもりがなくても結果的にかけてしまってはマイナスになります。ただ,中には「卑怯な手段」と感じて抵抗を抱く子もいますので,提案は慎重に,何か本人から反対する考えの表明があれば,それを「なるほど」「そう言えたのはえらいね」と評価するきっかけになります。

念のため,学校長判断として,出席の扱いについてそのような見込みがあることを確認しておきます(出席扱いについては学校独自の基準があってそれが子どもや保護者に広く伝わることを嫌がる場合もありますが,できれば柔軟に判断してもらうことが望まれます)。

- 誘いのフレーズ5：「児童（生徒）玄関以外の入り口を調べてみませんか」

　学校にはいろいろな出入り口があります。学校に再登校するつもりを確認しなくても、さりげなくそれらを確認して、「敷地や校舎に入りやすいところ」を柔軟に活用することになります（安全への配慮を最優先にした上で）。

　要支援者の様子から、適応教室や保健室など、いわゆる別室への登校が進められるのであれば、それにアクセスしやすい入口、教職員がフォローしやすい入口、そして、不登校の子が一番恐れる、他の児童に出会ってしまって冷やかされる、うわさのきっかけになるような可能性が最も低いところを確認しましょう。

- 誘いのフレーズ6：「適応教室の感想を聞かせてくれませんか」

　日中から家庭で過ごすことがすっかり退屈となり、どこかの居場所を求めるような気持ちがつのってきて、適応教室、学校外の適応教室やフリースクールなどへ通ってみることも気になる様子があれば、学校そのものではなく「学校の中にある（登校している頃には覗いたこともない）適応教室がどんなところか確かめるため」という理由付けで提案することもできます。学校ではなく、市町村が学校外で運営している適応教室、民間のフリースクールについても同じです。登校していた学校ではない居場所については、どのようなところかを、家庭訪問などの際に資料で（最近はしばしば、ネットで）確認し、担当者の感想、これまで経験した支援でそこを利用した子がいた際の思い出話などを伝えます。そのような話題に対する反応、表情や質問などをしてくれるかどうかなどが、その教室の利用に関して「脈」がどれだけあるのかの判断につながります。

- 誘いのフレーズ7：「こっちが向いているように思います、なぜなら……」

　学校内の適応教室がよいのか、学校外の居場所（地域によっては複数の選択肢があるでしょう）がよいのかの判断は、経験と情報があればセラピスト側にも見通しができていることでしょう。チャンスがあれば、「わたし（セラピスト）には、○○さんに合う方法は、どちらかというと、こちら（具体的に表現）かなと思いました、というのも……だからです」と具体的な根拠

をやんわりと，あくまで一つの考えであることとして，提案をしてみるのもよいでしょう。目標となる空間を選択のための話を具体的にするためです。

「セラピストはあなたの個性をこのように考えている」ことをさりげなく伝え，それに同意してもらえるかもしれないし，「いや，自分はむしろこちらを希望します」という返事かもしれません（修正があったら，「そうでしたか，自分の考えを教えてくれてありがとう」と伝えます）。いずれにしてもそれらを話題として掘り下げることができます。そのような会話の中で，要支援者がこだわっていたことが浮き彫りになるのです。

● 誘いのフレーズ8：（まだ時間がかかりそうな時）「考えてくれてありがとう」
　さまざまなメリットを得るためのお誘い，誘導であったわけですが，もちろん，1回の家庭訪問などでの提案ですぐに合意を得られるとは限りません。ただし，提案してみることで結果的に多くの情報が手に入ります。提案せずに新しい情報があまり得られなかった家庭訪問や面接より，提案してみて情報があった方が，おそらく，要支援者の気持ち，こだわり，不安のポイント，が具体的に見えてくることでしょう。

　再登校の方向に強引に引っ張るのではなく，軽く心を揺すってみることがねらいです。認知行動療法というのはこのように，さまざまな提案とその反応から情報を得て，変化の準備ができている領域をさぐり，そこから行動の変化を起こし，その行動の変化で本人の心（馴れ，動機，自信，興味関心など）に変化を起こす，その繰り返しになります。

　要支援者の側には相当の疲労が残ることでしょう。それは一石二鳥です。いつも遅くまで起きているのに，その日は早く眠りにつけるかもしれません。

　要支援者には，心からの感謝や評価を伝えてよいでしょう。「しっかりとした意見を聞かせてもらえたのでとてもよかったです」「学校や教室にでかけることについていろんなことを普段から考えていたということがよくわかりました」といった言葉を添えて終えることとしましょう。

　高校生の不登校の場合だと，漸次的接近の目標となる場所について選択肢が増えます。さまざまな転校先，通信や高卒認定試験のサポート校，学習塾や予備校などを含めた進路変更，休学ないし留年などの可能性がそろってい

ます。それらを見学すること（訪問せず建物を見に行くだけも含め）も，ひとつの行動活性化にもなりますし，それを達成しやすくするための漸次的接近も計画することができます。アルバイトに関する情報を得ること，面接を受けることに向けた接近さえ候補になるでしょう。学校や勉強，進路とは直接関係ない場所への行動活性化を想定し，「行ってみたいけど不安を覚える」場所について，紙媒体やネットなどの情報などを確認しつつ，漸次的接近の計画を立てることもできます。ひきこもりの状態にある大学生や専門学校生の場合も同じです。

　進路のことになると，保護者の方にもいろいろな希望や考えがあり，心配になるのも当然です。「賛成」あるいは「反対」の気持ちの表出（ご意見，お考えを持って頂くのはかまわないので）は押さえてもらいつつ，いろんな目標についての検討につきあってみるとよいでしょう。できれば複数の場所に出かけ，その学校や施設について説明を受けたりすることで，どんどん展開していくものです。

　キャンパスが休みの日，他の児童生徒が校内にほとんど残っていない日時，要支援者が学校に来ていることを見られにくい時間帯に，教室などの様子をじっくりみることで，「再登校してやっていけるだろうか」という不安が解消されます。ただ，長く休んでいた間に「漠然とした不安」を「具体性ある不安」に変換することにつながります。認知行動療法の技術において，不安というものは，これをなくすよりも「具体的にしてみる」「現実的にとらえてみる」こと，それによって「不安なままでよいから回避行動をとらずにやりすごせるようになること」が有効なのです。

　この他，学校の校舎には入れなくても，担任やすでに関係ができている教職員と短くとも頻回に会えるように，毎回便りや課題プリントなどの手渡しを受けたり，作品を提出したり，立ち話ができるようにすることもお勧めです。担任といえども，さすがに毎日時間を確保して家庭訪問をするわけにはいきませんが（それこそ，教師の働き方改革の流れに反しますし，長期戦になっても継続できる範囲で，が原則です），自分から先生の授業の空き時間に校門や学校の裏口まで通うことができれば会う回数も多くできると提案し，それについて前向きであれば，そのための登校訓練を開始するという進め方です。

3. いよいよ漸次的接近の初回を実行する

　漸次的接近を支援するのが，家族，たとえば父親や母親ではだめかというご質問もよくあります。可能です。しかし，親子という関係の近さが難しさにつながると言えます。保護者としても，つい「親」としての圧力をかけてしまう，仮にそれがうまくコントロールされたとしても，子どもの側が，プレッシャーを感じる，あるいは依存心が生じやすくなる，回避のきっかけを求めてしまう，という問題があります。保護者が同伴していると，子どもは微妙な不安表出の行動，態度を示しやすくなり，それが進展を遅らせることもあります。

　また，後述しますが，学校の事情やスケジュールなどを把握しながら進めることになりますので，学校側のスタッフ，スクールカウンセラーや学校との連携がよくとれているという点で，相談員に担当してもらうのを勧めます。

　漸次的接近の開始までに，面接や家庭訪問で相談員との「信頼できる・してもらえる」関係を形成しておくことが望まれます。担当者は，漸次的接近を予定していたとしても「家を出る」ところで，また出かけてからの展開次第で，時間がかかる場合もあるので，時間に余裕を作っておくとよいでしょう。

　時間の確保，という点で，授業の担当があるクラス担任が行うのは難しいと思います。平日の日中に，学校から出張して家庭を訪問し，そこから出かけて一緒に帰宅する，ということを考えると，少なくとも漸次的接近の初回では，最低でも2時間，できれば3時間程度を確保できるスタッフが担当するのがいいでしょう。初回は特に展開が予想できないので，時間にゆとりがなく，支援者の側にわずかでも「焦り」があると，その緊張が望ましくない展開を引き起こすことにもなります。

　「(漸次的接近に)応じてみる」ということだったのに，当日になって本人が難しいということで実現できない，ということも時にはあります。当然ですが，「約束をしたのに」と子どもを責めるようなかかわりは，まったく意味がありません。少しでも外出するようにと背中を強く押してしまう保護者の方もいらっしゃいますが，「よくあることですから，だいじょうぶ」と，

やんわりと制してください。

ただし，本人が悩んでいるようであれば，すこし悩む時間を確保してあげることも必要です。悩ませてはいけない，苦しませてはいけない，というのは，保護者や経験の浅い支援者にありがちですが，それを見守るのも支援者の役割です。

出かけることが難しい，という場合の言葉かけとしては，「ここまで，『学校に近づいてみるぞ〜』っと準備してくれただけでも，今日はよくがんばったね。『どこまで登校できるか訓練』〈このような，プレッシャーのかかりにくい名前（作戦名）をつけておくのもよいでしょう〉の第一回目になりました。よかったと思います」などとするのがいいと思います。

これは決して，言葉だけのはげましではありません。準備するというだけで，玄関から一歩も出ることがなかったとしても，前回の家庭訪問（面接）か数日の間，特に前の日，前の晩から，今日，この日に，学校に向かって出かける練習をする，というプランを持って，期待と不安を抱えて過ごしてくれたのには効果があります。これだけでも十分な訓練効果，現実的なエクスポージャーになっています。もちろん，できるだけ「結局外出できなかった」と本人が否定的に受け止めてしまわないように，それが動機づけにとってマイナスにならないように配慮することも大切です。

4. 初回でうまく出かけることができなかった場合

あきらめて，慎重に次の機会のタイミングをはかります。

もし要支援者本人からはっきりと，「『どこまで登校できるか訓練』は無理です」という申し出があれば，「わかりました。あなたの考え，気持ちを尊重して進める練習ですから」と答え，その判断を尊重し，しばらく延期しましょう。

そうではなく「今日は無理だったけど，あとで頑張ってみたい」ということであれば，2回目までは，つまり再チャレンジ1回までは，間を開けずに行ってもよいでしょう。

気持ちを正直に表現できず，まず無理なのに，支援者に気を遣い「次回だったら」という子もいます。判断は慎重に行われるべきですが，原則としては

明らかな拒否（「しばらく無理です」「やっぱりやりたくありません」）でなければ，近いうちに1度は再チャレンジしてみてもいいと思われます。大切なのは，再チャレンジでうまく外出できなかったとしても，支援者が落胆の色を出さないことです。上述した通り，準備してくれただけでも効果はあったのです。

特別当日になって何か実行しにくいことがあった（天候がわるいなど）でもないのに，2回続けて難しい場合は，その次のチャレンジは，少なくとも2・3週間から1カ月ほど先に延ばした方がよいでしょう。

頭では「やってみよう」と思っているのかもしれませんが，まだ，気持ちが整っていないのかもしれません。慌てることはありません。それまで進めてきた行動活性化によるエネルギー蓄積をまた進めていけばいいだけです。連続して欠席している状況の中でも，漸次的接近の話に耳を傾けてくれたのです。それまでの進め方は成功です。家庭の中での退屈さの醸成もさらに進めていくといいでしょう。

認知行動療法全般に言えることかもしれませんが，セラピスト側には予想が外れてもそれを失敗と受け止めず，引き続き予測能力の向上にむけて進んでいく，くらいの前向きさが求められます。さまざまな実践の経験があれば，認知行動療法のテキスト通りに展開する事例などむしろ少数に過ぎず，柔軟な判断力，予測力などが必要になることがわかります（もちろん，冷静に，ある程度の厳しい振り返りも求められるでしょうが）。

5. 目標に向けて自宅玄関を出ることができたら

あくまで，子ども本人のペースで歩み続ける，というのが原則です。「その動きだとかえっておかしいよ」と，言いたくなる場合もありますが，本人の選択にまかせるのが基本です。本人には「かつてどのように（登校仲間，登校経路など）登校していたのか」を教えてもらうような会話でもしながら（話に夢中になるほど会話を盛り上げる必要はない），子どもをリードするのでなく半歩（ほんのわずか）後からついて行くようにします。セラピスト自身の緊張から生じる「話しすぎ」も，気をつけてください。エクスポージャー

効果を兼ねた試行ですから，子どもに不安や緊張と向き合ってもらう必要があります。

　家と学校までの距離にもよりますが，玄関を出てからしばらくは，近所の方の目を気にする場合が多いでしょう。強く気にする様子があれば，緩和してあげる方法を考えます。

　あえて大人である支援者が離れていたほうがよい，という子もいるかもしれません。マンションなどでは，マンションの入り口まで，エレベーターも含め別々であるほうがよいこともあるかもしれません（何をどれだけ気にするか，気にしないか，というところから，子どもの不安の範囲と程度を理解することができます）。

　要支援者本人と支援にあたるスタッフの二名で接近を開始するのが基本ですが，保護者が同伴することもあり得ます。保護者が離れてしまうだけでも不安が高まる，でも，登校訓練は進めたい，という子どもの場合は，同伴してもらい，まずは支援者と子どもの二人，それを数十メール離れたところから，保護者がついていく，ということになるでしょう。しかし，いずれは保護者なしで登校できるようにしたいので，どうしても保護者が一緒であることを本人が望む場合でないかぎり，漸次的接近の初回から，要支援者と家庭外からの支援者の二人で取り組むことを勧めます。

　玄関を出た後，早足にどんどん進もうとする子どももいます。ご近所の人目を気にしている可能性があります。その場合は，本人に任せてください。言うまでもないことですが，交通事故等には最新の注意を払う必要があります。万が一のために，学校保険に関する情報，指定された通学経路などを確認しておくことも重要です。

　出かける前におおよその目標到達点を定めておきます。そこに達する前でも，途中で本人の歩くペースが遅くなる，ということがあれば声をかけてみます。慌てずそこでとどまって，何がどのように気になるのかを確認します。「知り合いの大人（遅刻して学校に向かう児童生徒）がたまたまいた（いるような気がした）」，「学校の校舎の最上階が見えた」，「校庭からの声が聞こえた」などの答えが得られれば，本人が恐れているポイントがわかります。

　途中で不安が高まった際に支援者がとるべき対処には，重要なポイントが

あります。まず，①大きなショックを受けるようなことがないように極力配慮する，次に，（さらに進むことが困難な不安を覚えた時点で）②そのまま10分強を目安に（できる限り）その場にとどまってもらう，です。そして②と関連して，10分ほど経過させた後に心にいくらかの余裕ができた様子があれば，③「あと少し進んでみる」ことを（「押しつける」にならない程度にやんわりと）提案してみましょう。

　この③については，目標に到達したところ，あるいはさらに不安が高まり進むのが困難になったところで，10分ほどを目安にするのが大切なポイントです。そして，この10分で，少しでも心にゆとりが確保できたのであれば「せっかくここまで来られたのだから，もう少しだけ（具体的に「あそこの○○まで」）進んでみようか」などと提案してみます。

　上記の①は当然の配慮と言えますが，上記の②と③は，あまり意識されないかもしれません。10分という時間を目安にする根拠は，第9章で詳しく解説するエクスポージャー効果をねらった工夫です。耐えられる限界まで不安が高まったところで（動転してしまう，いわゆるパニックになる手前で），特別な対処を取ることなく，そのまま不安を抱えて10分ほどを経過させます。もちろん，平常心（0％）までには到底おさまりませんが，いくらか余裕が生まれることも多いです。「かなり限界に近い」と「限界までには少し余裕ができた」の状態を，段階的に利用していくのです。このエクスポージャー効果をよく理解した上で漸次的接近を実践してみると，よい効果が得られやすくなります。初回のチャレンジで，到底学校までは無理か，と思われた事例だったのに，あれよあれよと学校まで到着し，裏口から来客用のスリッパを履いて，保健室や相談室に入ったということも珍しくないのです。

6. 当日の学校の事情をよく把握しておく

　説明の順番がやや前後しますが，上述のように，初回からいきなり学校まで到達できてしまうこともありますので，漸次的接近に取り組む支援者は，その日の学校の動きについて，把握しておく必要があります。何より，本人がせっかく学校の近くまでやってきたのに，かえってショックを受けるよう

な展開がないようにしたいものです。

　確認のポイントですが，①学校全体の予定と日程，②例外的な活動の有無，③本人とつながりがある教職員の状況，です。①や②について，もっとも懸念されることは，校舎に近づいたところを他の児童生徒に見られ，せっかく接近してきた子どもにとってとても恐ろしい体験になってしまう，という展開です。

　生徒指導上の問題がありいやがらせを受けた生徒，クラスや部活動でトラブルがあった生徒が，授業の合間に教室のベランダに出ていて，そこから学校に登校しているところを見られ，冷やかしの声をかけられる，というようなことが，まったくの偶然によるものとしても起きてしまうと，そこまで順調にいっていた支援は大きく後退しかねません。ですから，休み時間などが予定変更になっていないか，などを確認しておく必要があります。また，学校の敷地内，校舎内まで入ることができた時，本人とつながりがある教職員の誰かにお願いし，わずかな時間でも声をかけてもらう，喜んでもらうことができるか確認し，できるなら本人に直接伝えてもらえるようにお願いするのもよいでしょう。

　校舎内に入れた時の滞在は，逆に長くなりがちです。長話，は，負担になる場合が多く，話しかけてきてくれた教職員との対話を自分から終わらせるスキルは大半の子どもにはありません。緊張から言葉は頭に残りません。すでに校舎内の別室への登校に関心があるとわかっている児童生徒であれば，校舎の裏口にあたるところから，どうやってその別室までたどり着けるのか，その経路を歩いて確認しておけるとよいでしょう。

　この場合でも，他の児童生徒から見られることはないということを強調しておき，万一の展開にも（保健室登校をしていて，他の児童が保健室利用に来室した際に身を隠す手段など）を確認しながら進めます。

7．学校の立地を考慮して柔軟に進める

　まるで戦国時代の城攻めを連想させますが，漸次的接近は，校舎内からは目につかないように接近した方がいいでしょう。たとえば住宅街の中にある

校舎の場合は，校庭で体育の授業をしている様子を，物陰から眺めながら10分を経過させるというような方法もあります。しかし，校外にある，周りが水田や畑に囲まれている学校だと，校舎への接近が学校側から丸見え，ということもあるので注意が必要です。

漸次的接近は，ある決まった方法で進めるべきものではなく，本人のその場その場での気持ちをモニターしながら，さまざまなアイディアで調整していくものです。たとえば，上記のような，郊外，農地に囲まれた学校の場合，保護者の方に協力してもらい，自家用車に乗せてもって，できるだけゆっくりと接近してもらう，時々，路肩に停車してもらい，気持ちを整えてもらう，などでもいいのです。お母さんの運転する自家用車の後部座席に乗り，停車し窓をあけてしばらく校舎を見て，グラウンドで行われていた体育の授業の生徒の声を聞いていた子が，「ここから降りて歩いてみる」と言ったことがありました。小雨が降っていれば，傘や雨具が身を隠す小道具になったりすることもあります。

8. 練習の間隔を空けすぎないこと

エクスポーシャー法の基礎となる，行動科学的原理に基づくと，登校訓練，不安を強く感じるような空間への接近を繰り返す訓練では，練習間隔を空け過ぎない配慮も必要です。初回では時間を十分確保して，できれば保護者でなく支援者が，ということでした。初回がある程度順調であれば，同じことを2回目以降は効率よく進めることもできます。

保護者の自家用車の送迎つきで，学校の近くまで来て，保護者の連絡で時間をあわせて担任あるいは，関係ができている教職員と待ち合わせして，少し対話して帰ってもらう，ということもできるでしょう。保護者と歩いて校門まで，ということの繰り返しでもいいのです。曜日時間帯を問わず，長い間，学校の近くに接近することを徹底して避けていた子が，初回で学校近くまで近づけた，ということであれば，その週末に，あるいは夜間に，再度両親と近くまで寄ってみる，という機会を挟むこともできるでしょう。行動活性化のための外出と兼ねて校舎近くに立ち寄る，ということもできます。

不安とその回避，というのは，理屈ではなく感覚的なところがあります。ですから，家族の運転する車で近くを通過するだけでも嫌がる段階もあれば，あえて近くを通過するのを繰り返すことで，学校に近づく不安が徐々に低下する，ということも起こります。

　このような，馴れを基本原理とする心理的支援においては，疲弊させるほどタイトなスケジュールは望ましくありませんが，疲れを配慮しすぎて訓練感覚を空けすぎてしまうと，訓練効果の積み重ねが難しくなることにも考慮すべきです。学校や学校の近くまで行けた，保健室に入れた，というのは，確かに疲労をもたらしますが，同時に達成感，高揚感をもたらすものです。

　心の支援の専門家には，比較的「心の疲労」を警戒する立場の方が多いのですが，要支援者の様子を，家庭内でよく見てもらっている保護者などと確認しながら，漸次的接近の今後の練習ペースと方法を考え，じっくりとりくむ漸次的接近の間隔が空いても，その間に効果を維持できるようなかかわりを提案してみるとよいでしょう。

　上述のように，あえて，学校の近くを自動車で通過してみる，学校で配布されているプリントを久しぶりに親子で見てみる，学校のホームページサイトであらためて学校の見取り図を確認してみる，協力してくれる学校の先生のことを話題にしてみる，などが効果を高めます。

　多くの場合，行動活性化がある程度進んだところで，漸次的接近のタイミングを見計らい，スタートすることになるでしょうが，行動活性化で用意したトークン（ポイント制のがんばりご褒美システム）を，この漸次的接近の中に組み込んで，継続していくこともできます。

9.「裏口登校」と別室へのアクセス

　学校には，いくつもの裏口があります。その中には，管理上の理由から，児童生徒の出入りが禁じられているところもあります。ただ，そのような裏口の出入りは目立ちにくく，かつ，近くに保健室や別室登校用のスペースが設置されている場合が多いので，漸次的接近においては便利です。

　逆に，教室に入れない生徒のための教室スペースあるいは相談室が，4階

の校舎の隅に用意されているような学校もあります。諸事情はあるのでしょうが，こういった教室への登校だと，活用に対して前向きではないのかと勘ぐられても仕方がありません。

　長いこと休んでいた児童生徒が，他の児童生徒や教職員にどのように思われているのか，不安に感じながら，びくびくしてひさしぶりに登校するのです。「よかったら，教室ではないところに登校を継続してみることもできるよ」という教員，相談者の提案が，言葉だけでなく事実，教職員全体の願いであることを形に示すなら，裏口登校，裏口から別室登校が可能なスペースへの誘導経路，学校の敷地の外からその裏口までの目立たない出入りの方法に配慮を工夫し，その児童の可能性が広がることを示してあげられるといいと思います。

　そして，ある程度安定して別室などに登校できるようになった子に，どれだけのかかわりをとるか，ということは，何よりも子どもの好みになりますし，その好みは，なかなか正確なところを言語的に引き出すのも難しいので，慎重に，家族との連携の中でさぐっていくことになります。

　あまりきめ細やかな対応を受けると苦しくなってくる子もいますし，逆にあまりにも放っておかれると，通う魅力を急に低下させてしまう子もいます。認知行動療法の支援を定着させるには，このように，ある刺激状況に対して，どれだけ快でどれだけ不快になるのか，という慎重な判断スキルがセラピストには求められます。

10．別室から教室への挑戦

　漸次的接近は，別室登校から教室へ復帰を希望する児童生徒の支援にも有効につかえる方法です。そのためにはまず，①校舎内の適応教室への登校の安定（生活リズムの安定とほぼイコールです），②学習への不安の解消（客観的に，というより本人の主観が重要です），さらには，③教室で怖い場面，孤立したり拒否されたりする場面に遭遇することがないことの確信，が必要です。

　このうち①については，多少の遅刻や早退があっても，学校がある日の登

校が日常になれば，それに伴って，睡眠リズム，登校リズムが安定してくると期待できます。生活リズムを重視する立場からは，別室登校，あるいはフリースクールへの登校は，午前中から外出し睡眠リズムの立て直しにつなげるための試み，とも言えるほど有効です。

②のためには，教室でクラスメートが受けているテスト，特に中学校の場合は定期テストを，別室でも受けることができ，その結果（全体の平均や得点状況の中での位置）を見て，自信をつけてもらうことが考えられます。ついて行くことは難しいけれどもできれば学力をつけたい，と本人が思っている授業，教科があれば，その教科の担任と協力し（念のために，目的をクラスの生徒にも伝えて許可を得る），授業の様子を後ろから撮影して，その録画を本人に見てもらうこともできます。

③のためには，別室か教室か，という選択でなく，第三のスペース，つまり，グラウンドや体育館，ランチルームやその他多目的スペースなどでの行事の観察，参加が有効だと思います。体育館のギャラリーから，体育館に整列しないで，集会の様子をうかがう，観察による参加をする，ということは，子どもに馴れてもらうために配慮しているという学校も多いと思います。子どもたちの心の準備状況は，そのような広い空間で，自分の姿が他の児童生徒から見られることに強い抵抗があるか，遠い距離があればかまわないと思えるか，仲の良い子とはアイコンタクトをしたり手をふったり，声をかけられ声で応じたりできるかどうか，が判断のポイントです。

前向きな支援の働きかけは，常に，要支援者の回復の程度を明らかにするためでもあるのです。

別室に登校していることが知られても平気になる，校内で自分のことを見られて，児童生徒の間で話題になると想像しても平気になる，という経過がとても重要になります。当然，他の児童生徒にも，別に特別なことでもない，と浸透すれば，しめたものです。

給食の時間に，仲の良い，希望があったクラスの児童生徒の「ボランティア」児童生徒の数名に，適応教室での昼食をとってもらう（出前昼食）も成果をあげています。じっくり向き合うのは照れる，ということもあるので，食事を取りながら，というのは，危険の少ないセッティングです。

昼休みにも，別室を遊び場にしてもらうこともできます。別室登校を継続している子と親しかった子に遊びにきてもらう，という方法です。
　ただし，このように遊びに来る子にも動機はさまざまで，遊びに来てもらう側の子は，万一，嫌なことが起こってもそのスペースから逃げられないわけですから，念のためにその時間の過ごし方の様子を教職員がうかがっておくべきです。
　教室への復帰は必ずしも別室への登校を介在させなければならないわけではありませんが，やはり，別室登校があると，休んでいた子が他の子に馴れ，他の子がその子と接触し，さらには学校の教職員全員も（すべてがくわしく事情を知っているわけではないので接し方が固くなることもある）休んでいた子にかかわりやすくなる，というメリットがあります。もちろん，不登校ではなくなるので，進路にむけても学習の遅れについても有利になります。
　他の児童生徒（教職員を気にする場合もある）に見られることに馴れてくれば，給食や休み時間，部活動など，授業以外での交流参加も勧めやすくなります。そして，いよいよ，授業ごとの教室参加です。特別支援体制の中で，授業ごとに児童生徒の出入りがある状況に，最近の子ども達は，さほど抵抗がなくなっているかもしれません。「クラスの子どもたちにどのように説明すればよいか」と気にする先生もいますが，背景をしっかり説明する必要はあまりないと思います。
　個人情報保護の義務もありますので，いかなる理由があれ，「○○さんは，彼／彼女のペースでがんばっているのよ」で，説明はすむと思います。しつこく理由を聞いてくる子は，何かトラブルにかかわっている可能性があるのかもしれないので，その関係性には注意が必要です。このような児童生徒の問いかけは，実は教師を試しているのかもしれません。教師として堂々と言える範囲の説明をコンパクトに返せば，それで解消することでしょう。
　運動会など体育関係の全校行事などでは，保健室の先生の助手として，救護のお手伝いなども可能です。競技に参加するのが難しいのでその日は欠席する，というのもやむを得ないかもしれませんが，できれば，何か役割をわりふるのはよいきっかけです。学校にあるさまざまな行事について，別室登校の子どもたちの扱いが，忙しい教職員にとって「足手まとい」になる，と考

えるか，あるいは学校内での過ごしやすさを高めるためのチャンスと，とらえるか，で，その学校の教育相談体制の体質がわかります。

　子ども側としても，参加もせず役割もなくただ校内にいることは，相当な苦痛となります。子どもにプレッシャーをかけず「こういう役割を手伝ってくれたら助かる，ありがたい」という提案をしてみるといいでしょう。

　筆者の経験では，運動会，体育祭の裏方は，最高の漸次的接近であり，かつ，行動活性化であり，その後の「驚くべき回復」が高い確率で期待できる展開です。そのようなさりげない提案を勧めてくださる学校スタッフの存在は，その学校の「教育支援力」の貴重な戦力です。

　学校の適応教室で児童生徒を支えるという試みは，このようにして，教室に入れない子どもの心の準備状態を視覚的客観的に評価し，その変化をリアルにとらえられる点にあります。家庭にひきこもって，家庭訪問でもなかなか会えない状態では，心の状態，心のエネルギーの蓄積状況を，保護者，あるいはせいぜい本人が通っているという医療機関や外部の相談機関からの二次情報に頼ることになります。それらの情報にも一定の価値はありますが，実際には，学校での様子が何よりの精神的健康度の指標になり，それは，卒業した先の適応予測のよい指標にもなります。

　外部の治療や相談の専門機関に子どもの理解を依存したせいで，学校の中での本人の様子から本人の心の状況を査定する，という力が低下するのは，とても残念な展開です。その意味でも，別室登校を，学校の徳俵（とくだわら）と位置づけて教室で過ごしにくくなってしまった児童生徒をフォローし，学校復帰のステップとして学校としての児童生徒理解を進めましょう。

事例：A太が5年の12月で頑張った漸次的接近

　A太について，5年の11月から支援にかかわったスタッフが，11月中に2回，相談室に来談していただき行動活性化の支援が行われた経緯はすでに紹介した通りです。

　12月から，さらに同じ相談担当者による，1回の家庭訪問，その後午前中の時間に2回にわたる学校そして保健室に向けての漸次的接近が行われました。そして冬休み中には，担任と児童のいない学校内で「学校探検」を行い

ました。そして冬休み明けから保健室，すぐに別室への登校が開始となり，年度内の３月に，教室での学習活動への参加，とつながりました。

　家庭訪問は，侵入的になることもあるのですが，しっかりと合意を得て時間を約束した上で行われました。実際に訪問すればいろいろなモノが目にはいります。それらをすべて，ポジティブな反応として伝えます。褒めるというよりは，ポジティブな感情を表現する，というのが適切かもしれません。以下ではこれらすべてをＰ反応（ポジティブのＰ）と表記します。

　家庭訪問において，玄関あるいはリビングで，本人が保護者の方と出迎えてくれたら，そのことにＰ反応。声を出してくれたことにＰ反応。訪問が朝の９時ごろだったのですが，きちんと着替えて待っていたことにＰ反応。玄関に本人がお父さんとやっているらしいサッカーボールがあればそれにＰ反応。それについての質問「運動もしているのかな」などの返事にもＰ反応。玄関の雰囲気にＰ反応（これはどちらかというと保護者向け）。リビングでも目に入るモノあれこれにＰ反応。本人やお姉さんの作品，賞状などがあれば驚いて教えてもらいながらＰ反応。出てきたお茶とお菓子に感謝とＰ反応。当然，その後の会話のあれこれについてもＰ反応です。

　行動活性化，生活リズムを整え，ゲームやネットについてもしっかり約束を守っている（がんばりの目安を意識してくれている）こと，そのための工夫，時々もっとやりたくなるけど我慢しているということ，それぞれにＰ反応。そんなやりとりの後，保護者の方に外していただき，二人きりになったところで，次のように質問してみました。

セラピスト「ところでさ，学校の様子とか，やっぱり気になる？」
Ａ太「はい，何してるのかな，とか……教室とか……」
　（しばらく，ここで語ってくれたことについての話題を掘り下げたあと）
セラピスト「じゃあさ，今度，学校の近くまで先生（セラピスト）と出かけてみようか？」
Ａ太「えっ，車でですか」
セラピスト「うーん，車でもいいけど，それだと目立つじゃん」
Ａ太「はい」

セラピスト「だから，歩いてでもいいよ，まあ，学校の中に入るわけじゃないし」

A太「どこまでですか」

セラピスト「じゃあ，聞くけど，どこまでだったら行ける？ 時刻は9時ぐらいだとして」

A太「えー」

セラピスト「そうだよね，えーっだよね，いくら外出できるようになったと言っても，昼間だしね，学校だしね……もうこの時期だと体育は体育館だろうね」

A太「たぶん」

セラピスト「ということは，グラウンドから見られることはないか……あ，でも，休み時間だと校舎の外に出ている子とか，ベランダから見られるとか，あるよね……でもそれは嫌だよね」

A太「まあ，それほどでもないけど……」

セラピスト「えー，見られたら嫌でしょ？ あいつ，何しにきたんだ？とか」

A太「まあ，でも，べつに……」

セラピスト「へえ，そんなに気にしないのか」

A太「まあ，嫌は嫌ですけど」

セラピスト「結構，勇気あるね。すごいね。じゃあ，とりあえず，どこまで行けるか，どこまでいったら怖くなるか，お化け屋敷の肝試しじゃないけど，先生（セラピスト）といっしょに冒険散歩してみようか」

A太「学校までですか？」

セラピスト「うん，そう学校まで，でも行けるところまででいいんだよ」

A太「今からですか？」

セラピスト「まあ，今からでもいいけど，でも……，気持ちの準備いるでしょ？」

A太「はい」

セラピスト「じゃあ，この次にしよう，来週……水曜日，今日と同じだと，学校の近くがちょうど休み時間になるから……9時30分にここ，A太さんのおうち，ということにしようか……そして学校まで歩いて行く。10

第8章　漸次的接近でふたたび通えるようにする

時ごろにはかなり近づいちゃうかもだけど……でも，そのあたりだと，ちょうど，学校の2時間目だから，あまり見られることはないよね」
A太「あまり，気にはしませんけど……」（これは，これまでのA太の状況を考慮すれば，明らかに強がりが含まれていたことがわかる）
セラピスト「そうか，それならいいけど，まあ，念のために，その時間にしておこう……でも，本当に大丈夫？　心配はない？」
A太「だいじょうぶだと思います……」
セラピスト「それならすごい，立派」とP反応。

　このあと，学校のことについて，あれこれ話題にして，保護者の方に戻っていただき，翌週の漸次的接近の段取りを決めました。学校とも調整しました。もし校舎まで来ることができたら，保健室に顔を出すかもしれないことをお伝えしました。担任は授業があるので無理でした。
　本人との日程調整と，漸次的接近の日程は，できるだけ接近していることが望まれます。その間，本人は心配で過ごすからです。この時はちょうど一週間でした。理想は翌日，あるいは，その話が成立した時に，です。気持ちに余裕があった方がよいのではないか，というお考えもあるでしょうが，時間をおくことには，リスクがあるのです。
　1週間後に訪問することを確認して，この日は失礼しました。念押しで，「当日までに『やっぱり無理かな』と思ったら，それでいいんですよ。こうして今日，会ってくれたこと，こうして前向きになってくれたその気持ち，がうれしいからね」「当日になったら無理っていう子はけっこういるからね」と最後のP反応で失礼しました。
　当日のA太は，さすがに少し緊張していたようですが，それに気づいても気づかぬふりして，「大丈夫？　難しいなら，前回のようにおうちでお話しして帰るだけでもいいんですよ」「学校の先生には，用意して待ってもらっているわけじゃないし，学校まで行く必要はないし」と確認したら，「出かけます，できれば校舎が見えるところまで」というので，P反応で返し，出発しました。
　速い足取りで住宅街を抜け学校に向かいました。お気に入りの野球帽を気

持ち深めにかぶって，寒かったのでマスクを勧めました。つらくなったら，声をあげてくれてもいいし，両手でバッテンのジェスチャーをつくってもらうということにして，玄関で練習しておきました。

　その結果なんと，学校の校舎が見えるところまで，10分のエクスポージャーが進みました。目安の校舎が見えるところまできて，むしろ，セラピストから声をかけ，一休みすることにしました。

セラピスト「やっぱり，グラウンドで体育はしていないみたいだね……どうも今日は，6年生は試験らしいよ」
Ａ太「そうなんですか……」（あまり話が入っていない様子，緊張がうかがえる）
セラピスト「こちらだと，私立の中学校に進学する子もいるんだろうね……」（しばらく，雑談……やはり，落ち着かない様子）
セラピスト「で，どうしようか，ここまでにしようか，もう少し近づいてみてもいいんだよ，わたしたちは，不審者じゃないから……昔先生は，不審者に間違えられたことあったけどねえ……」
Ａ太「もう少し行ってみます」

　その返事を受け学校のすぐ近くまで到着してしまいました。児童用玄関は避けて，保健室のある裏口から入る予定だったため，他の児童に見られないようにしながら，裏口まであと数メートルの垣根の外側までできました。

セラピスト「なんか，スパイみたいだね，あそこまでダッシュしたら，保健室のところから中に入れるよ。保健室の先生には，ひょっとしたら，Ａ太君と顔を出すかも，とは伝えてあるから。保健室のＮ先生は，顔見たい，と言っていたよ。どうする？」
Ａ太「いく」

　その返事で，そうか，じゃあダッシュだ，と言うと，猛ダッシュで保健室に入っていきました。

10分ほど過ごして，また垣根のところまでダッシュし，その日は雑談しながら帰りました。翌週は，担任の先生に会う計画を立て実行することができました。保健室で30分ほど担任の先生と話し，プリント類をもらい，教頭先生も顔を出してくださって，少しだけ適応教室を覗いて紹介してもらい，たくさんのP反応をもらって帰宅しました。
　この後，冬休み中は，保護者に送迎してもらい，教室や学習のことを担任から説明を受け，適応教室の利用について打ち合わせをしました。この時は，久しぶりに算数を教えてもらえたことがとてもうれしかったようです。

第9章

不安や嫌悪の強い感情に
エクスポージャーを効かせる

> **この章をざっくりと……**
>
> 行動活性化や漸次的接近の中に，エクスポージャー法という恐怖症や不安症の治療で基礎的な介入の一つが含まれる。この技法について説明を受け合意した要支援者は，10分程度かそれ以上の間，恐怖や嫌悪を覚えるために回避していた状況や刺激に自らを曝し続ける。この技法の原理と期待される効果を要支援者に説明し，実行しやすくするのは認知行動療法のセラピストの腕の見せどころである。

1. 不安や嫌悪はそれが起こる体験を避けるから長期化する

　行動活性化や漸次的接近に取り組む要支援者は，その中で不安や嫌悪の感情と直面することになります。久しぶりに外出すること，人から見られたり会話したりすることを始め，しばらくやっていなかったことを経験するからです。それらの活動は，いつかは取り組まなければならないことだとわかっていても，要支援者を不安にさせたり嫌悪感をもたらす内容を含みます。しかし，曝されているうちに馴れてくると，ひどい結果にはならないという感覚を習得することができます。そのための認知行動療法技法がエクスポージャー法です。
　エクスポージャー法の理解のためには，不安や嫌悪の感情とそれらを引き起こす体験を避けようとする行動，つまり，回避反応の関係を学ぶ必要があります。要支援者と彼／彼女らを身近で支援する方々に，どうしてこのよう

な,「つらい取り組み」が有効となのかを納得してもらいます。

　不登校の子どもやひきこもりの若者は，ほぼ全員，漠然とした不安をかかえています。家の中での様子や言動を見る限り，不安など感じていないように見える場合も少なくありません。家族としては，むしろ，勝手気ままに毎日を過ごしているように見えることも多いでしょう。「毎日学校に通っている他のきょうだいの方が，よほどくよくよしたり，落ち込んだりしている」と感じるという保護者の方も少なくありません。

　しかしそれでも，心を開いて語ってもらい，よく観察してみると，不安のネタは尽きないことがわかります。学校やクラス，所属していた部活はどうなっているか，かつての仲間，先生たちは自分をどう思っているのか，勉強はどれだけ遅れているのか，追いつくことはもう無理なのか，将来はどうなるのか，家族や親はどう思っているのか，などです。

　不登校やひきこもりの状態にある彼／彼女らはほぼ例外なく，避けられるものなら避け続けたい気持ち，が潜在しています。ここでいうところの「潜在させている」とは，以下のように説明できます。

　不安や嫌悪は，自覚することそのものが苦痛です。ですから，不安や嫌悪を感じたら，それらがなるべく小さくなるような防御の努力がとられます。それは時に行動によって避けることであり，時に頭の中の「思い巡らし」において避けることでもあります。この不安や恐怖，強い嫌悪の感情をできるだけすみやかに小さくできるならどんなことでも，という行動選択となります。

　不安に耐えて学校に登校すれば，大きなご褒美をあげるよ，と約束する「だけ」では，問題の改善には至りません。報酬を得るよりも，怯えの解消が優先されるのは，生き物として当然なのです。

　虫歯で痛みが激しくなっているのに，歯科医での治療を怖がり治療台に乗ろうとしない，乗っても口を開かない子もいます。第2章で「価値割引」として紹介しましたが，時間的に先にあるメリット（虫歯の痛みがおさまる）について説明を受けても，今すぐのメリット（治療台の上で拘束されてけたたましい音がする治療具を口の中に入れられることの恐怖から速やかに逃れること）を選んでしまいます。それが恐怖症，不安症であり，後に紹介する

強迫症にも共通する心理です。

　不安や嫌悪の感情を覚えるとは、「ここですぐ手を打たなければ、もっとひどい状況になる」という思考が頭を占めます。つまり、よりひどい状況にこのまま一直線に向かっていくという、予測を立てやすくなっています。不安や回避とそれを何にも優先して回避しようとしている脳は、状況を冷静に分析し合理的に判断することができなくなっています。

　そこでつい、「過去においてすでに何度か用いて、不安や嫌悪を収めることに成功したやり方」を繰り返そうとします。対処の仕方が、ワンパターンになるのです。ここで、「成功した」と表現しましたが、実際には、本当に成功と言えるかどうかはわかりません。不安や嫌悪をなくすために何がベストの方法だったのか、真に正しい答えを得るには、公平な実験の繰り返しによる比較が必要だからです。ところが人というのは、少なくとも今、生き延びているということは、過去に用いた手段は成功だったのだ、と判断していることが多く、これらのすべては、合理的な判断を苦手とする脳の部位が主導して導かれた結論です。

　また、心理的に余裕がない中で選んだ「成功したかのように」錯覚した安堵を得るための手立ては、固定化しがちです。「以前のピンチではこの手段でしのいだが、いつも同じ手では進歩がない。どれ、今度は別な手段で切り抜けてみよう」などという発想は、よほど心に余裕がある時にしかひらめくことはありません。

2. 不安が長期間にわたって保存されることを示す事例

　事例をあげましょう。「同世代の子から自分の容姿についてひどいことをひそかに話題にされる」ことに怯え、同世代の子が怖い、という困難を抱えてしまっている思春期の子の例です。

　場面は、シャープペンを購入する必要があり、一人で大型店にやってきたところ、とします。

　文具売り場の近くにくると、自分と同世代らしき三人組が、何かの話題で盛り上がっています。急激に不安が高まります。そこでは、三人の会話が、

次のような内容に「聞こえ」ます（妄想ではないのですが，どうしてもそう思えてしまう，というわけです）。

「見て，あの子。なんか超～ダサくない？」「私も今そう思ったところ。ひどいよね」「なにより，性格もすげ～暗そうだよね……」。

商店街の中でたまたまこちらに近づく知らない子について，わざわざそのような会話をするものか，と冷静にかつ合理的に考えて心を安定させることはできません。

ちなみに，このような感情の影響を受け歪んでしまった考えを「自動思考」としてとらえ，これを自分で冷静にふりかえり，修正する力を高めるための，系統的な面接技法を認知再構成法とよびます。認知行動療法の重要な支援方法の一つですが，これを効果的に進めるのには，しっかりと構造化された心理面接の継続が必要になります。

このような急激に高まった不安をとっさにうまく収めるのは，不安症の大人の方でも難しく，つい「過去にとったよりシンプルでより確実な対処方法」を採用してしまいます。それが「不安や嫌悪を感じたらできるだけすみやかにその場から立ち去る」という，回避行動を取ることなのです。

そうなると，もうシャープペンの購入など，どうでもよくなります。並んでいる商品には目もくれず，三人組の具体的な様子をしっかり見ることもせず，「ひどい目に遭った」「自分はどこでもそのような扱いしか受けない」といったマイナスの決めつけだけが頭の中で反芻しつつ，悲嘆にくれながら帰宅することになります……。

親に話しても，「馬鹿げている」といった言葉が返ってくるだけに決まっている（そこまで，マイナスに思い込んでしまう）と決めつけるので，多くの場合，誰にも語ることができません。語ることができない，ということは，その時の主観的な受け止め方を客観視する機会も持てない，とイコールです。

このようなエピソードに代表されるような行動を，回避（avoidance）とよびます。仮にですが，そこにいた数人の子に，実際に攻撃されカツアゲされる，といった事態になり，その状況からあわてて逃げだした，ということであれば，それは回避でなく逃避（escape）にあたります。逃避は回避と違って合理的な行動選択です。

回避は，認知行動療法における重要な用語であり，多くの事例で，困難や症状を理解する上でのポイントとなります。幼い頃から仲間関係づくりに自信が持てない子，あるいは，人生の途中までは自信を持てていたのに，ある時期に，仲間関係について大きなトラウマ体験を持ったようなことがあると，しばしば，上記のように，過去にあった展開を繰り返し連想しやすくなり（フラッシュバック），対人接触場面で回避が習慣化します。第三者の目からは明らかに非合理的，と映りますが，本人の中では，「それしか選択しようがない」という追い詰められた心理状態になります（援助の場では，これらの症状の確認とそのような気持ちへの共感はとても重要になります）。

　ただし，家の中でひきこもった生活をしていれば，こんな目にあうことはまずありません。回避行動は，せいぜい時に耳にしたくない言葉を自分にかけてくる家族をどうかわすか，くらいになります。

　ここが大切なところですが，回避行動を長いこととらずにいた場合，いつの間にか不安は減少していき，回避行動の習慣も徐々に消えてなくなるものでしょうか。学生時代に受験のために必死で覚えた知識や公式も，その後の人生で使うことがなければ，みごとに忘れてしまいます。それと同じように，ある刺激や状況に対する強い怯えや警戒は，月日の経過だけで，自然に薄れていくものなのでしょうか。

　答えは「ノー」です。ある状況や刺激に対する不安は，ひきこもっているうちは，記憶の中にしっかりと保存されています。受験勉強で求められるような知識，その記憶とはメカニズムがまったく異なります。延々と保存されるので，どこかで新しい経験によって記憶の上書きをする必要があります。そのためには，回避してしまう習慣を変えていく必要があるのです。

　不安を「かかえている」とか「潜在させている」とは，このように，回避することによって記憶が保存されてしまうことを意味しています。

　成人のひきこもりで，社交不安症（人が怖いという症状）を改善したいとカウンセリングにお見えになる方は，よく「街中で10代の子たちが盛り上がっている様子を目にすると，今でも急激な不安に襲われ避けて歩いたり，引き返したりしてしまう」と訴えることがあります。生活の中で，行動や考えの中で徹底して回避しているうちは，記憶の書き換えがなかなか進まない

のです。

　10年以上，場合によっては30年近くも経過しているのに，つらかった10代の体験や，学生時代や就職してすぐに経験した怖い体験をきっかけとした不安や嫌悪を解消できないという方，遠い過去の出来事なのでいまさらどうしようもない，と思い込んで，生活の質を高めることができないままとなっている方は少なくありません。

　過去に受けた体験のつらさ，として理解したままで過ごしているのです。徹底した回避による保存の影響についても，時間をかけて理解いただき，改善に向かってほしいと思います。

3. 回避は「依存的」になりやすい

　先に紹介したシャープペンを買いに行った事例ですが，あのような不安をかかえてしまうと，次のような考え方になります。
　"学校に登校すれば，いつだれからどんなことを思われ，ひそひそ話され，皮肉を言われ，嘲笑されるかわからない。いっそ，学校にはずっと登校せず，教室にも入らず，部活にも参加しない方がよい。そうすれば，二度と顔をあわせずにすむ。移動教室の時に胃をキリキリさせながら，おどおどしながら，前もよく見ないで授業開始直前に教室に入り席につく。そんな必要もなくなる。給食の時間ずっとうつむいている必要もない。休みの日に学区外にある商店街まで出かけて買い物してみない？　という母親の誘いに応じることもできない。いろいろなことに関心はあるのだけれど，それらの多くはネットの中でも解消することができる，いや，ネットの中の方がずっと楽だ。買い物は通販ですませればいい。それで何とか人生を送っていくことができるだろう。もし，どうしようもなくなったらその時は，「最後の手段」だ……"
　これが，典型的な社交不安（対人恐怖）の思春期青年期の子の思いです。念のために言えば，上記のような体験の多くは，精神科で治療が必須とされている，いわゆる妄想と診断されるようなものではありません〈しかし一定の割合で含まれることもあるので，訴えに対しては慎重に経過を見守りながら耳を傾け，現実検討（事実に則して物事をとらえる能力）の低下，妄想

の確信度の強さが著しい場合は，できるだけ急ぎ医療機関での診察へ導きましょう〉。

　もしこの子が，大型店の文具コーナーで妙にテンションをあげて会話をしている同世代のグループのすぐそばの商品棚に堂々と近づいていき，背中越しにいったい彼らがどんな話題で盛り上がっているのか，を聞くことができたら，その後の展開はどうだったでしょう。

　冷静に考えれば，見ず知らずのたまたま近くで買い物をしようとしていた同世代の初対面の子を，あえて話題にして盛り上がることが起きることは，ほとんどないでしょう。

　おそらく話しているグループの背中越しに本当に話を聞くことができていたら，その内容は，その数人グループの中の一人がボーイフレンドの誕生日プレゼントにするものを決めかねて，それで話が盛り上がっていただけらしい，など，自分が心配する必要などまったくないことがわかったことでしょう。

　「なーんだ，自分とはぜんぜん関係ない……冷静に考えればそれがあたりまえか」と，自分の取り越し苦労を笑って，すぐに別のことを考えながらバスに乗り，帰宅できたかもしれません。その結果，少なくともこのことについて，その後に不安は潜在せずにすんだことでしょう。同世代から自分はどのように評価されるのか，という疑問に対する答えが書き換えられたでしょう。

　次に似たような場所，時間帯に買い物に出た際，あるいは学校内で，似たような場面で似たような不安を浮かべた際にも，この時の取り越し苦労の経験を思い出し，「まあ，ここでも大丈夫だろう」と，それでも多少のドキドキを経験しながら，回避せずに「心配すべきことは何も起きない」ことを学び，それですんだかもしれません。少なくとも，強い不安を潜在化させることはなかったでしょう。

　「自分のことを話題にされるのではないか」という不安をかかえこむと，会話が聞こえるほどの距離に接近することで，その不安がさらに大きくなり，それから逃れる回避行動をとってしまいます。そうすると結局，そこでどんなことが話題になっていたのか，自分が話題になることはやっぱりない，とわかることはありません。そして，中途半端な不安，自分に対する情けなさ，

などをひきずった気持ちで帰宅すると同時に不安は保存，つまり潜在化されます。似たような状況が他の場所，コンビニ，駅などであれば，どんどん，動ける範囲が狭くなります。

　回避すべき刺激や状況が増えると，その後の立て直しのためには，エクスポージャー法が必要であると，知的な理解のレベルではわかっていても，実行するのは簡単ではありません。

　「心の成長を待つ」という支援にも，時間を経過させ，回避をより固着させてしまうというリスクの面もあることを理解するのも大切です。

4．馴れモードと温存モード

　ここまで，不安と回避行動の関係について解説しました。回避が不安や嫌悪を保存し，長びかせてしまっている，という理解が前提となります。したがって，支援の目的は，「回避が多く不安や嫌悪を覚えることはないがそれだけに不安や嫌悪が温存される」の温存モードから，「回避を小さくして不安や嫌悪を体験しながらも馴れていく」という馴れモードに，生活のさまざまな側面で，スライドさせていくことになります。

　回避の少ない行動パターンが増え，不安は感じるが不安を感じても平気，だから必死に過剰な回避をとる必要はない，という「馴れモード」に展開していきます。一方，回避が多い行動パターンのままだと，不安が高まることを教えてくれるさまざまな兆しにとらわれ，警戒し，ささいな兆しだけで，「警戒すべきかどうか」を吟味することなく，回避してしまいます。温存モードでは学びがありません。

　先に社交不安症の事例で説明しましたが，児童期から思春期青年期にかけて不調のきっかけとなる不安は他にもあります。

　雷などの自然現象に対して極度におびえる子もいます。ある音や匂い，身体感覚，形や模様などを恐れ，強く嫌悪する子もいます。これらについては，不安というよりも嫌悪，と表現した方がいいものもあります。

　最近は，発達障害，その疑いと関連づけて説明され，理解されることが多くなってきました。発達障害，ADHDや自閉スペクトラム症の診断がつい

たお子さんでは，さまざまな不安，感覚過敏からくる嫌悪，それを避けよう
とするための奇異な習癖を獲得し繰り返しがちになる（こだわり，とみなさ
れる）傾向があり，そのような研究報告もあります。

　ただ，それはあくまで症状の重なりやすさの話であり，発達障害であるか
らといって，回避と保存のメカニズムが変わるものではありませんので，発
達障害でもここで紹介している知見や技法を活かすことができます。より丁
寧な説明，丁寧な導入，が必要となるのです。むしろ，「この子は発達障害
だから」と，特別扱いをしすぎてしまい，区別する必要なく提供されるはず
の支援がされない，ということでは困ります。

　他にも，パニック症の症状のために教室で過ごせない，という場合もあり
ます。教室や体育館など，密閉され（普通はそういうとらえ方そのものをし
ないものですが），きちんと座る，きちんと整列していなければならない（具
合が悪ければ休ませてもらうこともできますが）状況で，急に体の不調（な
いしその急激な予感）に襲われ，それに耐えている数分，数十分がとてもお
そろしいものに感じられる不安症もあります。仲間との関係づくり，などに
ついては問題ない「明るさ」を保てている子も多いのですが，見極めは重要
です。しばしば学校の中では「さぼり」「怠け」などとみなされ，ご本人と
ご家族が困惑し，もっと理解があればそうならずに済んだのに，残念な，本
人と保護者，教員の間の深刻な不信，対立が広がってしまう場合があります。

　これらの不安症は，大人の場合でもなかなか他人にわかってもらうように
伝えるのは難しく，知識がないと「こんなおかしなことに不安になったり悩
んだりしているのは世の中で自分だけなので，説明してもだれもわかっても
らえないだろう」と思い込むこともあります。

　最近は，ネットが発達しているので子どもが自分からいろいろな知識を得
て，ある程度妥当な不安症の解説にたどり着くこともあります。しかし，まっ
たく異なる精神疾患だと思いこんでしまったり，その他にも危険があるので，
不安症に理解がある教職員，スクールカウンセラーや養護教諭から的確なア
ドバイスを受けることができるように支援をつなぐことが望まれます。

　「ご自身でもわけがわからず，こんなことで悩むのは自分だけだと思い込
んでしまったのも，無理はないと思います。でも，残念ながら，人によって

時にある不安症（強い不安の傾向）のようです（正式な診断は，あくまで医療機関で，しましょう）。でも，よく勇気を出してお話ししてくれましたね，他にもあれば，教えてくださいね。他にはたとえば，〇〇〇〇というようなことはないですか……。こうなってしまったことについて，あなたがよくないから，あなたが悪かったから，ということではありません。ひょっとして，そのように思い詰めてしまってはいませんか？　このような怖がりの傾向が強くなるのは，たとえば，乾燥肌であるとか，髪の毛が癖毛であるというのと同じで，あなたのこれまでの生き方，ものの考え方とはまったく無関係なのです。あなた自身に責任はありません。でも正しく症状を理解して正しい方法を学んだ方がよいので，それについてお伝えしますね」といった説明で，安心してくれる子はたくさんいます。さらに，このような説明を保護者も一緒に聞いていただけると，「親の育て方のせいで不安症になった」と考えるセラピストではないことが伝わり，より協力し連携する関係が構築されやすくなります。

　学校の教職員，あるいは何より保護者，友人や知人のアドバイスが回避を促すこともよくあります。たとえば，①短絡的な回避行動を積極的に推奨すること（例：買い物などの外出をしばらくひかえた方が良い），②考えないようにする（例：知らない子たちがたまたまあなたのことを話題にするようなことはまずありえないことは考えないように），③服用すればすぐに心が落ち着く作用があるが同時に依存性もある薬物に頼る，というような方法になりがちです。

　上記の①，②，③は，たしかに心理的に困難にある方への助言として，一つの選択です。しばしば，そのような，手軽な回避に「短期間の間だけ」頼って，心に余裕を作り，その先に「馴れモード」へ回復し，改善していくこともあります。②については「考えない」「頭から追い出す」の努力でかえって頭にこびりつくことが懸念されます。

　しかし，よくある助言でも改善が難しく，不安症の程度が深刻化しそうな場合には，認知行動療法の回避による不安の潜在化という仮説に基づいた支援方法を提供することが長い目でみれば望ましいと言えます。それを効果的に提供するのが，認知行動療法のエクスポージャー法です。

5. エクスポージャー法の進め方

　ひきこもりというのは，回避により，不安の潜在化が長期化（慢性化）し，生活の全体にまでひろがった状態です。そして，ネットやゲームに依存するようなツールが身近でコストもかからず，子どもから若者まで利用可能となっていることが，ひきこもりという状態を生んでいます。

　以前なら，好きな作家の本や好きなミュージシャンのCDを購入したいとか，ゲームソフトを購入したい，一人でやるのではなく誰か他人と対戦するようなゲームをゲームセンターでしたい，ビデオ（DVD）をレンタルしたい，というのが，ひきこもっている方を外出に誘い出すきっかけでした。今は，これらをネットで購入したり，ネットで達成できたりするのが，ひきこもっていない人にとっても可能となっています。

　その中で，どうやってエクスポージャーを紹介し，経験してもらい，必要なだけ継続してもらえるのかは，難しいところです。

　じっくりと時間をかけるだけが良い手立てとは言えません。1980年代ごろまでは，ここで紹介するエクスポージャー法は，系統的脱感作法とよばれていました。しかし，この方法では，治療開始までにかなりの手間暇が必要でした。

　今日では，エクスポージャー法として，最低限必要な手続きを焦点化して，なるべく手間暇をかけずに実践してもらえるように技術開発が進みました。しかし，要支援者側に少し勇気を出して，「不安や嫌悪をかかえてもらう」という負担だけはそれをなくすことはできませんでした。逆に言えば，ここにエクスポージャー法のキモ，があることになります。

　したがって，どうしても，不安や恐怖，嫌悪の感情をひき起こすなるべくリアルな状況，刺激に，あえて自分からわが身を曝し，できれば10分以上を最低限の目安に，なかなか10分で不安や嫌悪が低下しない（心にわずかでもゆとりが生じたという感覚が得られない）場合は30分ほど，これまでだったらすぐにでも（10秒ももたず）回避したくなる衝動をかかえたまま，過ごしてもらいます。回避したくなる衝動をかかえたまま，というのは，回

避をせずに，ということになります．抱えたまま時間をやり過ごすという経験を，計画的に，繰り返し，取り組んでいただく，のがエクスポージャー法になります．

あまりにも強い不安や恐怖，嫌悪の中に落とし込むこと，それを本人でなく他人が推し進めること，などでいわゆるパニックの状態（経験してもそこから何も学ぶことが期待できないほど，何も「入らなく」なる混乱）にしては，それはエクスポージャーではありません．改善どころか，症状の悪化が懸念されます．しかし，ある程度以上の，回避したくなる，普段だったらとっくに回避している状態を経験する手続きが不可欠となります．

実際には，回避の程度を減らしてできそうなこと，面接の中でやってもらえること，をさぐります．不登校の子であれば，自分の学校のホームページをじっくり見てもらうことを提案することもあります．

支援者「○○小学校のホームページを今，ここで開いたら，それを見ることができますか？」
子ども「まあ……でもあまり見たくないかも」
支援者「そうそう，学校に通いにくくなると，ホームページも見るのがつらい，って子は少なくないですよ．絶対無理，かな？」
子ども「絶対，ということはありませんけど」
支援者「いまこのタブレットで立ち上げて……はい，今，画面に出ていますが，どうですか，勇気がいるよね．無理だったらそう言ってくれていいのだけど」
子ども「見るだけなら」
支援者「じゃあ，見てみようか．でもお願いがある．どうか覚悟を決めて，すぐに目を背けないで見てほしいんだ．どうだろうか．ただ，今言ってくれたように『見るだけだったら大丈夫』という覚悟であれば，数分間，見てほしいんだ」
子ども「わかりました」
支援者「いま，校舎が映っている状態だけど，大丈夫？」
子ども「はい」

支援者「では，見てもらうよ……」

　こんなやりとりで，不安や嫌悪，不快さ，心理的抵抗を，何とか，やり過ごすことができる行為のネタ，をみつけて，エクスポージャーの感覚を持ってもらいます。この程度ですと，10分以上の必要はないでしょう。おそらく，1分から2分，無理でなさそうであれば，さらに他のページも見てもらう，ということができます。最初に見た瞬間よりも1,2分経過したところで，ながめているうちに気持ちに余裕ができていることを確認しましょう。表情を確認しながら，ですが，もう（見るのは）限界が10点，まったく平気が0点，として，点数で継続して（30秒間隔で，「どう？」「8点です」……「どう？」「6点です」……というように）確認していくこともできます。

　以上のような方法は，プチ・エクスポージャーとか，エクスポージャーのための準備運動（すべて筆者の造語ですが）などと，よんでいます。これをまず，面接の中で体験してもらいます。

　いまの例ですと，その先には，学校の資料，配布物，トラウマがあった教科の教科書，部活動関係の資料，生徒が映っているもの，など，自宅にあるもので，家庭でのホームワークとして進めることができます。

　できれば，ホームワークとしてできることのリストを作成して，同じコピーをお渡しし，できそうなことからチャレンジして，その成果をメモってもらう，というのもよい方法です。

　このようなプチ・エクスポージャーは，同時に，本人の「心のエネルギー」の蓄積状況を確認する方法でもあります。学校のホームページを見ることが難しいから，漸次的接近を開始するのは無理，といった予想がつくからです。

　パニック症では，つまり，閉じ込められたと（あくまで本人が主観で）感じるような場所〈バスや電車に乗ること，スーパーで買い物してレジにならぶこと，高いビル（デパートなど）の2階以上にあがること，など〉へ，進み，何とか10分過ごすことも宿題にできます。

　身体感覚が手がかりになるなら，走って息を荒くする，早い呼吸を繰り返して軽い過呼吸を作ってみる，回転椅子にのって回転させ，軽い運動酔いを体験してみる，ということもできます（10分も過呼吸や回転するのではあ

りません。それは拷問に近いです。軽くこのような感覚を引き出し，そのあまり心地よくない感覚がおさまるのを，10分ほどで観察します）。

　行動活性化の取り組みの中でも，たとえば，店で買い物をする時に，人の目が気になるのでマスクをはずせない，ということがよくありますが，もっとも簡単なところで，マスクをとった状態で10分以上歩いてみる，自分で買い物をしてレジを通る（徐々に，買い物客が多い時間帯にチャレンジしてみる，あるいは，買い物カゴの中の量を増やす，誰かが同伴するから同伴しないにしていくなど），店員さんに質問してみる，駅員さんに列車の乗り方を聞いてみる，といったことも，プチ・エクスポージャーとしてチャレンジすることができます。分離不安が強い場合は，徐々に保護者が離れていくということもできます。

　具体的な不安症，不安症に近い困難や症状があれば，その克服のためのエクスポージャーを計画していくためのセッションを挟みます。それほどでなければ，行動活性化や漸次的接近の中に，エクスポージャーの要素を，「過激になりすぎないよう，でも確実に効果につながるよう」含めていくことができます。

6. 強迫症や衝動制御にもエクスポージャーは活かすことができる

　エクスポージャーの原理と方法は，強迫症やリストカット，抜毛症などにも活かすことができます。特に強迫症には，高い治療効果を示す心理学的援助法とされています。

　強迫症は，不登校やひきこもりの方にもよく認められます。簡単に紹介しておきます。

　この症状は，強迫観念と強迫行為からなります。強迫観念としてよくあるのが，汚れを身につけ広げてしまう（しまった）のではないか，他人を害する行為をとってしまう（しまった）のではないか，何か実際によくない結果を招く行為や思考をしてしまう（しまった），あるいは見逃してしまう（しまった）のではないか，といった考えが不安やすっきりしない感覚で残る，とい

うものです。

　強迫行為とは，これらの強迫観念がしばらく持続すること，それで長く苦しみ，集中力の欠けた状態が長く続くことを恐れ，避けようとするあまり，ある儀式的な行為や頭の働かせ方（しつこい洗浄をする，時間と手間をかけて確認を繰り返す，同じ動作を繰り返す，数字や回数，表現にこだわった行為を行うなど）をすることで，打ち消ししたいという衝動に突き動かされ，本質的には意味がないとは気づいていても，それらの儀式的行動を行わずにいられなくなる，というものです。

　一般に，興奮したり，ストレスを受けたり，睡眠不足や体調不良，そのほか，気分にマイナスに影響するようなことで，これらの症状は悪化しますし，悪化が続くと，二次的に抑うつを深めたりすることもあります。自分の責任として頑張り続ける中で，ほとんど意味のない努力に手間と時間をかけて乗り切ろうとする人もいますし，特に子どもの場合に多いのですが，親あるいは教職員の特定の方を強迫行為の協力者として巻き込んで，確認を手伝わせる（巻き込み）展開もあります。

　強迫観念は，直接的に制御できません。症状を維持させているのは，強迫行為であり，強迫行為はコントロールできるのだ，という理解を本人はもちろん，保護者，身近な支援者の方にも持っていただく必要があります。強迫行為を小さくする（洗う回数を減らす，洗い方を簡素にしていくなど），あるいは，制限してそこで生じる不安や不快さを，エクスポージャー法によってやり過ごすことができるようになることを目指します。

　なお，不安症も強迫症も，発達障害，特に自閉スペクトラム症障害の診断がある，疑いがある方の割合が，数倍高くなるという報告もあります（強迫症があれば発達障害が疑われる，というわけではありません）。発達障害の特性があっても，強迫症のメカニズムそのものは同じ，という理解が一般的です。ただし，より丁寧な説明，より丁寧な支援が必要となります。

　抜毛症，自傷癖，チックなどは，それに対応した衝動をコントロールすることが難しくなるタイミングが周期的にあるので，それにより，落ち込んだり，家族から指摘されたり，それが学校でも気になったりすることもあり，想像以上のストレスがたまります。そしてそれが，症状の悪化をもたらす，

という悪循環ができあがります。

　これらの衝動を本人がとらえやすく（しばしば，名前をつけるなどして，対象化する）なるように展開していきます。

7. エクスポージャーを理解し納得してもらう：心理教育

　認知行動療法では，どのような手法でも心理教育が重視されます。臨床心理学的な支援における心理教育は，①その困りごとや症状がいかなるもので，生活の中でどのように出現し維持されていると説明されるのか，②その説明に基づいて提案される解消の方法をどのように理解すべきなのか，③その解消法ではどれだけの解消のためのコスト（負担）が必要とされるのか，④期待される効果，それについてどれだけの保証があるか，の4つです。

　このうち，③と④は，いわゆる「説明と合意」とよばれるものですが，その前提として，根拠となる①と②について納得してもらう必要があります。必要に応じて，公表されている資料などを紹介していきます。今は，ネットの中からご自身であるいはご家族が，情報を検索することができますので，探すのをご本人にまかせて納得してもらうこともできます。

　エクスポージャーについては，刺激や体験に曝される，という手続きについて心配されることが多いので，その点についての説明をより丁寧に行う必要があります。治療原理よりも，何をさせられるのか（させる，というものではないのですが），どのような課題の継続が求められるのかが気になるのも，要支援者としては当然です。

　何をするか，しないか，は，あくまでご本人の判断であり，無理矢理何かをしてもらう，のではありません。このことを保証しながら，まずは，不安症や強迫症の原理を理解してもらいます。

　かつて元気だった頃のような生活を楽しめるよう，不安症や強迫症を小さくするには，「早々と避けてしまう癖」を小さくしていくことが大切です。実際には，それしか方法はありません。「早々と避ける」のではなく，「もう少しぎりぎりまで接近してみてそれでも『やばい』のであれば，そこで初めて避けることにする」「避けることについて『せっかち』になってしまって

いるので，もうすこし『おっとり』とできればそれだけ不安症や強迫症は改善される」という説明です。

「おっとり」と表現しましたが，いわゆる性格を変える必要はなく，練習の間だけ「おっとり」のふり，で十分です。さらに「行動療法とは，いわばふるまい療法でもあり，ふり療法でもあります」などと添えてみるのもよいかもしれません。

さりげなく，「(心理学的な方法としては) エクスポージャーしか方法がない」ことを伝えることもできます。他に効果的でかつ楽な方法があるなら，そちらを紹介します，という伝え方です。

「早々と避けてしまう癖」を小さくすることの重要性を納得してもらうことが，もっとも重要なポイントです。成人の方，保護者の方であれば，次のような問題について考えていただきます。

「こんなベテランドライバーがいます。車の運転的はもう30年になる。ほぼ毎日，ハンドルを握って出かけている。事故歴はなく，運転には自信がある。ところが，高速道路など，いわゆる自動車専用道路はこれまで一度も運転したことがない。何度かためそうか悩んだことはあったけれども，どうしても怖くて，避けてきたというのです……さて，この方が『自動車専用道路を運転できる』ようになるまでには，どんな経験が必要でしょう……一気に『平気』になる方法はあるでしょうか」

答えは，「怖い思いをしながら運転してもらう」「そのための訓練には工夫が必要である……たとえば，はじめは短い区間から，信頼できる方に助手席に乗ってもらって」などです。「短い区間なら，最初から不安にならずに練習できるだろうか」「それは無理」「ではどうする？」「教習所の先生と練習する」「教習所の先生がいれば最初から安心できるだろうか」「いやそれも無理でしょうね」……。

結局，程度の調整は可能ですが，ある程度の怖い思いは経験してもらうしかない，というのが正解です。あとは，怖い思いをする傾斜を自分で調整することです。傾斜が強い方法はかなりつらいですが，改善は早いです。傾斜が緩い方法は，経験するつらさはおだやかですが，改善には少し時間がかかるかもしれません。

いずれにしても，途中で断念していると，坂道ではずるずると滑り落ちてきてしまうので,ある程度のペースで継続する必要があります。急斜面にチャレンジしてつらくて，あるいはパニックを経験して断念してしまうくらいなら，チャレンジはもう少し先にした方がいいかもしれません。そのような説明になります。

　過去に，怖がって避け続けていたが「怖い」と思いながら取り組み続け，その後平気になったという経験を，思い出してもらえるとよいでしょう。プールに顔をつけて泳ぐこと，自転車の補助輪を外して乗ること，離したことがない友達に声をかけたこと，などです。

　できるだけ，セラピスト側が一方的に解説して，それで，イエスかノーか，で答えを求めるようなやりとりは避けましょう。上記のように，具体的に答えてもらうような問いかけ（オープンクエスチョン）で，表情などから納得している様子をうかがいながら，進められるといいでしょう。保護者の反応もさまざまですが，ここは本人の答えをじっくり待ち，時間をかけるところです。

　過剰適応という用語があります。つまり，相手に合わせすぎて，自分の気持ちをそのまま表現する，つまりアサーションが苦手という特性を意味します。このような傾向の強い子の中には，はやばやと，「わかりました」「やってみます」と答える子がいます。ひょっとしたら，怖い練習のことを具体的に考えるのを避けたいがために，そのように答えているのかもしれません。

　その場合には，もう少し，具体的に取り組んでもらうこと，前の章で説明した漸次的接近であれば「わたしと一緒に，学校まで歩いてもらう」「歩いて，怖くなっても，そこですこし立ち止まってもらうかもしれない」「グラウンドで体育の授業をしている様子を遠くから見ることもあります」などと，現実的な説明を提案してみるのもよいでしょう。

　先にも紹介しましたが，パッチテストというのを行うことがあります。エクスポージャーの心理教育の中でも，手続きをリアルに紹介あるいは，ごく軽いことに取り組んでもらい，それを受け止めることができるかどうか，試してみるのもいいでしょう。

　強迫症の不潔汚染恐怖とそれによる洗浄や確認の強迫行為がある方の場合

だと,「座っている椅子」「椅子の下の床」に触れていただき,それをほほに あてるような動作をとることができるか,などといった,軽いパッチテスト を,実践してもらうこともできます（この場合,「できるのであれば」と強 制でないことを確認し,先にセラピストがその動作を実践し,「これと同じ ことができますか？ できるようなら,やってみてください」と提案します)。

8. エクスポージャー法を進めやすくする マインドフルネスとは

　比較的新しい認知行動療法の支援方法として,マインドフルネスという訓 練があります。これは,リラクセーションとも共通する,心の安定した状態 を呼び起こし持続するための方法です。リラクセーションとは,心身を鎮静 した（副交感神経系優位な）状態にするための訓練方法で,呼吸調整,筋弛緩, 自己暗示などを組み合わせた一定の型がある練習を継続することになります が,マインドフルネスは,「今,感じることそのものを受容する」心理状態を, さまざまなワーク,体験で獲得していくことが重視されます。

　今生活している中で知覚できる音,味,臭い,身体のある部位で感じてい るもの,などに,こうありたい,こうあるべき,といったものを取り除き, ひたすらその感覚を味わうようなさまざまなワークが紹介されています。

　このマインドフルネス,あるいは,リラクセーションは,エクスポージャー において,不安や恐怖,嫌悪から回避する衝動をかかえたまま,時間をやり 過ごすために,かなり有効に用いることができます。

　実は,依存症,つまりやめなくてはならないのにやめられない渇望のコン トロールにも用いることができると期待されています。たとえば,ポテトチッ プスを一口だけ食べて,じっくり味わってみる。しばしば,もう1枚食べた い,もっと食べたい,という衝動がわいてきます。その衝動を感じながら, 眺めるつもりで自己観察をし,2枚目は口にしないまま,10分間その衝動を 観察することができるでしょうか。喫煙をやめたいがやめられない人にとっ ては,火をつけた一服で,火をもみ消して,本来であれば,続けて吸いたかっ た,吸うはずだった衝動を吸わずに（ふたたび火をつけることをせずに）観

察する練習です。

　このように，衝動を眺める，観察する，そのうち，衝動が事前に低下していく，初動が自然に乾燥していくのを時間をかけて待つ，というような方法で，不安や嫌悪がターゲットとなる，エクスポージャーから，さまざまな衝動をやり過ごす，より一般的なエクスポージャーへ，工夫を広げることができると期待されます。

事例：A太の漸次的接近において
　第8章で（159ページから164ページ），A太の漸次的接近について，詳しく紹介しました。2カ所で，「とどまって10分やり過ごす」という手続きが含まれていました。小学校の校舎が見える地点で1回，保健室に入って1回，です。いずれもエクスポージャー効果を狙ったものです。
　エクスポージャー法においては提示される刺激や状況が固定した状況で10分を経過させます。
　もちろん，その刺激や状況においた瞬間にパニックの状態，つまり，動転して会話もできない状態になれば，最初から驚異の度合いが高すぎた結果であり，失敗となります。そうならないレベルでとどめておくことが求められます。パニックになってしまったら，悪影響が残るばかりですのでそれは避けなければなりません。
　したがって，十分に「10分とどまることは可能である」刺激の状況において，この時間を経過させる判断力が要求されます（筆者には，漸次的接近で，パニックになったという経験はありません。報告を聞いたこともありません。おそらく「すでに登校している生徒にいきなり取り囲まれ，からかわれる」といった，まったく予想もしなかったひどいトラブルでもなければ，まず問題ないでしょう）。

事例：B美が教室に入れるようになるまで
　B美の場合は，中2の夏休みまでに「行動活性化」による心のエネルギー蓄積が進みました。夏休みの後半では，担任の家庭訪問により，学校内の適応教室の利用を説明してもらいました。校舎への接近のルート，その時刻の

目安（最初は，1時間目ないし2時間目の途中），上履きの置き方，別室での過ごし方，早退のタイミング（3時間目ないし4時間目の途中），などです。担当したクラス担任は，自身のスマホで，ポイントとなる入り口，入り口の開け方，小さな上履き置き，入り口から適応教室への入り方，適応教室からお手洗いまでの経路，などを見せて説明してくれました。このような説明の機会においても，エクスポージャー効果をもたらす手立てになっています。

　説明を聞き，写メを見てもらうだけで，B美の不安や緊張が高まる様子がわかりました。学校を休んでいる中学生の生徒が目にして表情がこわばるような映像を見せる，というミッションは，クラス担任にとっても不安な行為です。この時のクラス担任も「こんなことをしてよいのか」「これによってかえって怖くなって，もう行かないとB美に言われたらどうしようか」という不安を覚えたそうです。

　医療の専門家と違い，心理相談，教育相談の専門家は，侵襲性のある支援に馴れていません。要支援者の微妙な変化を行動観察からとらえる要支援者の様子を高いプレッシャーの中で見極めるという経験が少ないからです。エクスポージャー法で支援するセラピストには，支援者としての不安と向き合う経験も求められます。

　子どもの心のエネルギーが蓄積してきているタイミングを活かそうとしているセラピストには，それまでの「行動活性化」の進み具合の確認と，本人が学校に通うことによってさまざまなメリットを得たいという動機，なぜいまこのような提案をするのかという根拠と合意，を確認しておくことが求められます。

　B美については，夏休みの後半の夕方，ほとんど生徒が残っていない時間を使って，母親と説明を受けた別室の入り方を確認しました。夏休み明けの初日から，短時間での別室登校が始まりました。

　まずは，2時間，実際には1時間目の途中から3時間目の途中までの時間を，適応教室で過ごせるようになること，その過ごし方を安定させることが目標でした。

　早い段階から，仲の良い友達などに，別室に登校していることを知らせ，休み時間などに交流を持てるようにする場合もありますが，中学生くらいに

なると，仲良しとは言え，相手を気遣う気持ちが強くなります。Ｂ美についても，仲良しには知らせずに，あるいは知らせてしまっても学校の中で交流を持つことは急がずに，静かに過ごしてもらいました。

　学校の教職員のみなさんは，「子どもが教室で一人ぽつんと過ごす」ことを不安に思われる方が多いようです。しかし，学校の中であるが安心して（他人の目を気にせず）「ひとりぼっち」になれる場の確保が重要な場合もあります。過ごし方は，多少の柔軟性を持たせて，適応教室とはいえ学校の中で許容される範囲の活動から選んでもらいましょう。

　適応教室へ通っていた短い時間，登校が可能になった直後の時期は，利用している他の生徒との対話もありませんでした。実は，Ｂ美の仲良しの数名が，すでに別室登校を開始したことを知って，「休み時間に会いにいきたい」と担任に希望を出してきたのですが，担任からは，「しばらく様子を見てからにしてくれるかな。あなたたちのその気持ちはとてもすばらしいのだけど，ごめんね」と先送りをしてもらいました。

　自習で過ごすこと，可能な時は空き時間の教師から教えてもらえる，というのが標準ですが，なかなか自習が難しい，というのであれば，読みやすい本などを自宅から持参して読んで過ごしてもらう，というのでもよいでしょう。自習の内容については，バランス良くではなく，取り組みやすい教科の取り組みやすい課題から，でいいと思います。

　とにかく，教室で過ごす経験を増やしてもらい，教室の環境に慣れることが目的です。学校によっては，すでに適応教室に通っている他の生徒が居場所としている場合もありますので，その関係に馴れる必要もあるでしょう。無理に馴れさせる必要はなく，様子を見守りこまめに感想を聞いていきます。

　Ｂ美の場合は，すでに別室登校を始めている中１の男子で物静かな子，それから，中３の女子が二人，利用していました。女子同士はすぐに親しくなったようですが，男子とは適度な距離がありました。「せっかく同じ教室に通う生徒同士なのだからもう少し親しくなれば」ということを求めたがる教職員もいるのですが，自然にそうなるのならば止めはしませんが，そうなる展開を後押しすることはしなくてよいと思います。

　実はＢ美について，最初から教室復帰をねらったわけではありません。

転校することも検討していたので「ひきこもりの固定化を防ぐこと」くらいのねらいでした。適応教室での過ごし方，その様子を確認しながら，教室に戻る気持ち，教室で他の生徒と一緒に授業や活動に参加する気持ちが高まってくるかどうかを，確かめていきました。もしその気持ちが高まるのであれば，それに応じるような提案をし，その提案に応じてくれるのであれば（実際には，「別にやってもいいよ」くらいの発言が「合意」であり，「はい，ぜひお願いします，頑張ります，戻りたいです」などと口にしてくれることなどはありませんでした），作戦を計画します。その作戦の繰り返しで進んでいきました。

　その後，B美の滞在時間はだんだんと長くなり，①教科ごとのプリントに取り組み，教科担当の手が空いている時に指導してもらう機会が増え，定期テストを受けることができた，②クラスの仲良しの同級生が休み時間に顔を出し，B美もそれを受け入れ楽しみにするようになった，③昼休みを仲良しの友達と過ごしたいという気持ちが高まり，給食を別室で食べられるようになった，④昼食をもらって片付けること，その他さまざまな機会で，他の生徒に見られることをさほど嫌がらなくなった，⑤体育館での生徒集会にも，列には並ばないが，体育館の後ろで見学できるようになった，⑥修学旅行に参加の希望を出し，修学旅行のグループに所属して，グループごとの打ち合わせに参加できるようになった，などが進みました。その結果，中3からの教室復帰が実現しました。

事例：C介の社交不安の治療

　C介については，大学5年目の秋の時点では，かなり深刻なひきこもり，社交不安の状態にありました。ほぼ毎日をアパートの中で過ごし，昼夜も逆転していました。書店や洋服店，スーパーなどへの買い物のために外出することも困難でした。食品などもネット販売で購入して過ごすようになっていました。

　外出を困難にしているのは，社交不安だけでなく，強迫症とりわけ，加害脅迫でした。自転車であるいは徒歩でも，道を歩いていると，誰かにぶつかったのではないか，怪我をさせたのではないかが，気になり頻繁に振り返って

しまうという症状がありました。また，商店などでお金を払う時に，何か，他人に渡してはいけないものを渡してしまったのではないか，落としてしまっているのではないか（自身の個人情報などではなく，店員さんや清掃の方を怪我させたりしかねないもの，細かな金属製のもの，シャーペンの芯など）という不安を覚えるようになっていました。これらは，大学２年くらいから自覚し始めたということです（十分な非合理性の認識は持てていましたし，アパートで生活しながら大学での学生生活にはさほど支障はなかったとのことでした）。

　だんだんと社交不安の傾向，加害強迫の傾向が重なり，外出する，買い物をする，人と接点を持つことが困難になりました。

　本人との面接で，①漸次的接近による外出（近くのコンビニ，書店，スーパー，テイクアウトの飲食店，店内で食べる飲食店，駅および電車とバスの乗車）を可能とすること，②人通りが多いところを移動できるようにする，その際に，気にしやすいもの（文具，画鋲など）を身につけてもできるようにすることと，段階的に人通りが多くなるところ，もっとも気になる小学生以下の子，幼児が多い場所でも可能とすること，を目標に進めていきました。これらは，生活リズム，睡眠週間の改善がある程度進んだところで，始めていきました。

　店への外出では，どうしてもマスクの着用を希望したので，まず面接室ではマスクを外す，それで，会話をしているところをビデオに録画し本人に見てもらう，ことも行いました。いわゆるマインドフルネス訓練として，自分の肉眼では見えない部位，両方の眼球，両方の耳，足の裏，膝の裏側，イスと接する臀部などを「心の目」で観察し，そこに生じている感覚を自分で自分に報告するという方法を，川のせせらぎ音などをかけて訓練し，さまざまな場面で実施できるように取り入れていきました。

　店の中に入ることができるようになったら，店員に「お手洗いはどこですか」「定休日はいつですか」「アルバイトは募集していますか」「○○の商品を扱っていますか」という，無難な質問の答えをもらって帰ってくる，という課題を提案し練習しました（お店の営業の妨害にならない範囲で，ここでは書き切れない，少し過激な提案も含みました）。

確認強迫についても，最初は金属，堅いプラスチック製のものを身につけずに人通りが多いところを移動し，それができたら，それらをポーチや衣服のポケットに身につけて，最初はゆっくりと，徐々に駆け足気味で，ついには自転車で，と進めていきました。確認強迫については，比較的順調に改善し，カッターナイフをポケットに入れて，買い物客で身動きがとれない時間帯の店内，満員に近い電車車両などに出かけ，30分以上身を置くことができるようになりました。

　「大学生くらいの年代の人から自分はどう思われているだろうか」という不安はなかなか解消されず，就職活動関連の企画に参加することが困難だったのですが，大学生の方に謝金を払い心理学実験を装って面接を行い，その感想の語りを録音させてもらって，それを（もちろん双方に許可を得た上で）聞いてみる，という課題にも取り組みました。

　そのような中で，アルバイトの経験も重ねながら，大学6年目後半の就職活動は順調に進んで卒業研究も仕上げ，7年かけての卒業と就職につなげることができました。

付　章

発達障害のことを中心に

> **この章をざっくりと……**
>
> 　発達障害とは，「ヒトならでは」の特性や能力のある側面に，平均からの隔たりがあるために生じる困難が多い場合をさす。正確な診断はかなり困難で，成人するまではむしろ多くが暫定となる。不登校や若者のひきこもりの支援では，「発達障害であるかどうか」にこだわることなく，置かれた環境とのミスマッチに具体的に着目し，必要となる対処が獲得され，馴れを促すような行動活性化が支援の基本となる。

I　発達障害とは

　人間には他の動物にはない，「ヒトならでは」の能力や特性がいくつかあります。この点から考えていくと，いわゆる発達障害の理解が進みます。

　「学習」つまり，本能としてではなく経験から学びとって適応のために活かしていくことができるというヒトならではの能力も，本書が紹介してきた認知行動療法の基礎となる，とても重要な資質です。学習によって環境に柔軟に適応していく能力を支えるのが，「馴れ」の能力です。

　経験を通して新しい刺激に適度に馴れ，最初にあった不快さも適度に忘れることで，新しい適応のありかたを効果的に身につけることができます。しかし，中にはこの「馴れ」が働きにくい個性の方がいます。その場合，感覚過敏とか，こだわりの強さと表現されます。

　匂いや味，皮膚感覚などが，なかなか馴れない。洋服や靴について，新し

いものを嫌がり，季節にもサイズも合わない，ぼろぼろになっても毎日身につけたがる，というのもよくあるエピソードです。そして何が気に入らなかったのか，いったん「この感覚については拒否すべし」と判断すると，徹底して受け入れようとしない。その点では頑固と言えますが，反面，まったく頓着しないことがあったりします。感覚のレベルなのでもともと言語化も難しく，家族も学校の教職員も訳がわからずに困惑させられます。

　「ヒトならでは」の能力や特性としてそれ以上に重要なのは，「相手の心に自然と関心が向き，かつ，ある程度まで的確に読むことができる」でしょう。人間は，視界に入る他人，耳に入る言葉を発している他人の気持ちに，無意識に（特別な努力をしなくとも）関心を寄せるようにできています。表情や目は，最も「心が漏れ出やすい」身体部位ですので，他人を認識する時は自然と顔，特に目に視線が向くようにできています。逆に満員電車の中などでは，互いの「心で考えていること」が頭に入り過ぎないよう，それぞれが努力して互いの表情や視線を避けるようにふるまっています。ヒトが言葉を獲得したのも，このような互いの心を読み合える特性とそのための高い素質の賜です。

　しかし，われわれヒトの中には，この「他人の心に関心を寄せ，読もうとする」特性の働きにくい方がいます。相対的にヒト以外，つまりモノの世界に関心がより強く向いているように，家族を始め周囲からは見えてしまい，「心が通い合いにくい」「何を考えているのかわからない」という戸惑いを残します。関心の程度が極めて低い場合は，コミュニケーションも困難となり，言語の遅れが生じます。

　他方で，他人の心にいまひとつ関心が薄くても，他人とのコミュニケーションは積極的である一群もあります。幼いうちは言葉のやりとりも支障がないため目立たないのですが，しばらくつきあうと他人の心の状態をよく把握した上で言葉を発しているわけではなく，他人の心への関心については標準よりもかなり優先順位が低い方々です。いつも「自分が始発」の一方向的なコミュニケーションになりがちなので，周囲は困惑し，特に思春期青年期など「むやみやたらと同調を求めあう」傾向がピークとなる時期，あるいは，そのような傾向が支配的な同世代グループにおいては，いじめなどの攻撃の

きっかけになることもあります。いつも「自分が始発」のタイプだと，よほど他の面で貢献していない限り，嫌われ，攻撃されるのは，子どもも大人も同じです。

　以上に紹介した，感覚過敏や他人の心への関心の薄さ，そしてこれらに伴う，「こだわりの強さ」などは，自閉スペクトラム症（かつては，広汎性発達障害とも言われた。高機能自閉症やアスペルガー障害も含まれる）という発達障害の診断カテゴリーの典型的な特徴です。脳の機能の異常，などと表現すると，何かが「壊れている」というイメージがつきまといますが，一般には「ある素質が低い方」という理解で十分であり，むしろそれが妥当だと思います。

　いくら練習しても音痴な人，飛んだり走ったりするのはできるけれど球技全般は苦手な人，絵心のない方，があるのと同じです。このような個人差には一般に遺伝的影響も認められますので，誰の責任でもありません（心の専門家が，母親を悪者にしなくなったことは，発達障害の知識の浸透の最も大きな功績でしょう）。

　「ヒトならでは」の特性には他に，「必要に応じて適度に集中できる」というものもあります。心理学でカクテルパーティ効果とよばれる特性があります。大勢がそれぞれ雑談し，食器の音や音楽も流れている中でも，自分が会話をしている相手の声をしっかり聞き取ることができる能力です。多くの場合，特別な努力をせずとも自然に何かに集中して聞き分ける能力が人間には備わっています。授業中に窓の外でカラスが「かー」と鳴いても特に意識せず，教師が解説する内容に集中することができる素質です。

　人類の歴史の中で長く続いた，「いつ天敵に襲われるかわからないような時代や環境」であれば，ささいな物音に反応し，注意を瞬時に切り替えて必要あれば身構える，という特性が適応的であったのかもしれません。しかし，ある程度の安全安心が確保された状況の中で，信頼できる他者との共同作業，あるいは知的に高度な課題に取り組む際には，ノイズはノイズとして頭に入れず，集中力を保てることがより適応的となります。

　このような，集中力の維持の能力が低いと（「注意力の切り替えの能力が高すぎる」と言うべきなのかもしれませんが），ADHDという発達障害の診断がつくことになります。集中しなくてもよい刺激に対しても反応せずには

いられない，言い換えれば，衝動性が高く，待つことが困難になりやすいという特徴となります。

第2章で紹介した，「時間割引」で説明すれば，時間的に遅延することによる報酬価の低下が大きいタイプ，と言えます。「今すぐ」への価値が高いため，おいしいものは先に食べたい，苦痛をともなうことはできるだけ後回しにしたい，という行動特性になりやすい，ということです。

その結果，体を動かすことや体や道具をいじることが「快に」なれば一時もじっとしていられない（その結果，ケガをしやすい，させやすい，自傷癖が身につきやすい，物を壊しやすい），食べることが好きであれば胃に入るだけ詰め込んでしまう（肥満になりやすい），成果や快感が得られるまで時間がかかる活動（勉強全般，難解な本の読書，鍛錬など）よりは，即時に得られる活動（ゲームやネット，動画，同じギャンブルでも競馬よりパチンコ）を好みます。

アルコールは摂取するとすぐに気分に影響するため，依存的になりやすく脱し難いとされます。使った道具の後片付けは，「次の楽しみにとりかかるまでの時間を遠ざける」ことでもありますから，衝動的な人はしばしば後回しにする，その結果，整理整頓が苦手になります。忘れ物や紛失が多いのも，次の楽しみ，興味関心あることに少しでも早く近づきたい，という衝動のコントロールがかかわっています。

他にも，「ヒトならでは」の特性に，手先の器用さがあげられます。他の類人猿よりは圧倒的に腕力は低いのですが，器用に加工して道具を作る能力があります。他にも，具体的なものを言葉，文字，数学という記号におきかえて使いこなすことができる，という能力も重要です。「＋」は「足し合わせる」であり，「？」は「疑問」を意味する，と共有しています。

このような能力が平均よりもスムースに働かない，のが学習障害です。音や音声だとすっと頭に入るのですが文字は苦手とか，同じ文字でも漢字はわりと得意だけとカタカナは苦手，文字式は苦手だけど空間図形は得意，といったようにさまざまなパターンのあることがわかっています。

学校での学びはどの教科も記号だらけです。文字を書くこと以外にも，手先の器用さは要求されます。「ヒトならでは」の一つの能力，などと言えば，

軽く聞こえますが，やはり，「記号の理解が苦手」「手先が不器用で記号を扱えない」だと，学校に楽しく通うことはかなり難しくなります。普通の人が，理系の大学院の授業やゼミに途中からいきなり参加したような日々，になるわけです。そこで，ため息ばかりついていたり，ホワイトボードに注目できなかったり，無関係な落書きをしていたりしたら，障害と診断されかねない状況なわけです。

　社会は，多くのヒトがつくりあげた社会システムやルール，知識の体系，道具や機器に囲まれているわけで，「ヒトならでは」のどれか，しばしば複数に困難があるとなると，どうしても困難にまきこまれやすくなります。その中でも，他人とうまく協調しにくい，ということは，かなりのハンディキャップになります。テクノロジーと社会的支えが充実してきた今日，多少のハンディキャップを受け入れる社会ができあがりつつありますが，いずれにしてもその入口が学校ですから，できれば，不登校やひきこもりでなく，学校で「ハンディキャップのようだが実はそれほど障害にはならない」という実感を持ってもらえれば，と願うわけです。

　ヒトを創った神には，おそらくこのような特性や能力に多様性を持たせたことに，何らかの「ねらい」があったはずです。100人が100人とも，まったく同じ特性や能力を持っていたら，無限とも言える，人類の進化と発展の可能性が残らない，と理解できるでしょう。芸術でも，テクノロジーでも，あるいは思想や宗教，政治から文化全般も，構成メンバーそれぞれに，能力や特性の凸凹があり，そこで，さまざまなトラブルも起こり，その中で新しい展開が生まれるものなのです。

　なお，最近では，発達障害よりもやや含む範囲が広い用語として，「神経発達症」という表現も広まりつつあります。発達の凸凹については，症状や問題を細かく分類するのが「いい」とは言えない，という流れにあります。

II　発達障害かどうかにとらわれなくてもよい場合が多い

　発達障害についての知識が，学校現場にも浸透つつあります。発達障害の疑い，発達の問題，発達の偏り……。このような表現が，今日，教育相談に

ついての会議や研修で話題にあがらないことはない状況にあります。ただ，つい「発達障害バブル？」と表現したくなる気になる傾向，中には明らかな弊害も認められます。

　ある中学校の教育にかかわる方は，「中学生の不登校やその傾向が３～４％ほどで，発達障害の子の割合も，４～５％であるということから，不登校となる子のほぼすべてが発達障害であると考えてよい」という，統計的判断として根本から誤った持論を展開されていました。

　別の中学校では，一人の１年生が入学後数カ月である問題行動を繰り返すようになり，手を焼いた管理職がこの生徒について，小学校からの申し送りも家庭での生育の様子も全く考慮せぬまま「発達障害」と決めつけ，保護者に医療機関受診を指示したという事例もあります（残念なことに，このような学校が連携先として高く評価する，表面的な情報と WISC 検査に凹凸があるだけの結果から学校側が「期待」する診断を下し，しかもその後の生活にかかわる支援にはまったく熱意を示さないという医療機関が珍しくないのです）。

　心のトラブルの支援に関する領域（精神医学，臨床心理学）では，昔から，いわゆるカウンセリングによる支援の成果を得にくい特性を持つ，症状や問題行動がなかなか改善されない要支援者カテゴリー化しようとしてきました。比較的最近だと，パーソナリティの基盤に深刻な問題があるだろうという意味での「パーソナリティ障害」，などがそれにあたります。

　もちろんこれらも，一つの知識や研究の積み重ね，発展の成果でもあり意義はありますが，支援の現場では，しばしば，改善が困難でさまざまな支援策の歯が立たないことの言い訳的機能を果たしてきました。最近はこのような枠組みのポジションに，発達障害がしっかり収まっているようです。

　感覚過敏，コミュニケーションの困難，衝動性，うっかりミスが多く整理が苦手，不器用で記号の読み取りが悪い，という特徴があれば，適応を悪くしてうつ病になりやすく，不安症や強迫症，その他の精神症状や問題行動を併発しやすいのは確かです。しかし，「支援がうまく達成できないことの言い訳」として安易な診断，診断もどきが横行しやすい，特に，学校現場でそれらが制限なく展開することには，一定の注意が必要です。要支援者本人や

家族には，より正確な診断を求める権利があります。

「発達障害チェック項目」という，一般向けの書籍やネットの情報も，当然ですが，自分も，我が子も，クラスの気になる児童生徒でも，だれでもあてはまりそうだ，という錯覚を覚えやすいものです。これらの尺度は，どれだけよく作成されていても，決してその結果を単独で，診断をつけてはならないことになっています。

ちなみに，発達障害についての専門性高い医療機関のスタッフの間では，「発達検査と保護者や学校教員の対応困難との報告から発達障害の診断を下すのは無理」ということがしっかり共有されています。あくまで，丁寧かつ慎重に，できれば仮に要支援者本人が成人していたとしても，幼少期からの特徴を最もよく知っている母親などから情報を集め，発達の経過を分析することを提案するのが良心的な医療機関です。当事者にとって良心的であることと，学校の教職員サイドにとっての"ありがたがられること"が一致しない状況は，とても不幸なことです。本来はスクールカウンセラーなどがその調整にあたるのですが，十分な発言力を発揮できない場合も少なくないようです。

発達障害の疑いと，学校現場での扱いの困難，困り感は，一致しているとはかぎりません。教員にとってさほど困らない，おとなしくてよい子でも丁寧に診断すればかなり深刻な発達障害をかかえている場合もあります。発達障害の特徴があるのに，小学校ではおとなしく，人のよさで仲間にもさえられ普通に登校できていたが，あっという間に中学校進学後にさまざまなトラブルにまきこまれ，不登校になるケースもよくあります。逆に，教師が大いに手を焼くような児童生徒であっても，それは養育の問題や，学校での対応が「裏目」に出てしまっただけであり，いわゆる発達障害とは診断できない場合も少なくありません。

小学校の先生が「自分が困らなければそれでよい」と判断している，とは言いませんが，せっかくの知識や資料は，子どものために正しく活かして欲しいものです。

不登校も暴力やいじめの荒れの問題は，発生数が多くなればそれがさらに発生する確率を高めます。ある学校ある学年でこれらの問題発生が多くなっ

たことに，合理化のための説明を無理に求める必要はありません。「身近にある対処で乗り切っているように見える人がいたら，自分もつい同じ対処を選択するようになる」というのも，「ヒトならでは」の重要な特性なのです。10代の子を集める「学校」というところは，処罰が難しいので，問題行動がそれなりに機能してしまいやすい，それを他の児童生徒が模倣しやすいという説明で十分であり，必要以上の根本的な原因探しはかえって取り組むべき問題から目をそらすことにもなります。

たとえ発生率が高くとも，合理化したいという気持ちを少し抑えて，「学校として，それぞれ問題をかかえた状況にある子どもたちに何ができるだろうか」ということに目をしっかり向けてください。

学校では，ほとんどすべての子がなんらかの特性の凸凹をかかえているものと見ていくことができれば，多少の凸凹があっても問題なく学習ができるユニバーサルなデザインを基準とし，もし，特定の子にその凸凹がリスクとなるという見通しがたてば，少し慎重に見守り，負荷の配分を調整する。もしそれでも，不適応のサインが認められれば，その凸凹への対応で必要となるものを提供するわけです。それは，ただ見守る，とか，寄り添う，というものではなく，積極的に支援計画を立て，不登校やひきこもりにならずに対処スキルが獲得され，馴れる余地があればそれを促し，さまざまな課題をスモールステップ化する，というものであるべきです。

家庭や保護者の価値観，生活スタイルもさまざまな，かなり理解困難な挙動を示す子が増えているという事実はあります。学校で子どもの心にかかわるセラピストとしては，そんな中でこそ「発達障害診断かぶれ」によくよく注意したいものです。よほどはっきりとした機能の障害が認められる場合を除いて，診断は常に「暫定」と受け止め，個性の幅を広く受け入れる教育的支援の中で，不調の困難，困難のリスクがあればその都度，具体的に支えていくべきでしょう。

学校と相性が悪くなりかけている子を「障害がある子のための支援」と早々と切り替えるのではなく，「少し深刻な不器用さがあればそれを（時間がかかってもよいので）今ある環境における工夫で乗り越えるための支援」を考案すべきです。成人して，社会の中での役割，生き方を定めていく際に，も

し「障害の認定」を受けて生活していくことを自ら希望するなら，その時にはそれを選択してもよいでしょう。

そもそも，「ヒトならでは」の特性を完璧に備えている方など，どれだけ存在するかわかりません。あらゆる教科，体育音楽美術技術家庭など実技系も含めて，すべてに器用で，コミュニケーションも問題なし，こだわりもなく，感覚の過敏さもない，衝動性のコントロールもよく，じっくり待つこともできる，という方がいるでしょうか。誰もがどこかに「ヒトならでは」の特性のどれかに一つ二つ苦手なことをかかえており，それをカバーした生き方を選択し，得意分野を伸ばして生活しているわけです。もしそれによる悪影響を懸念するのであれば，行動活性化をさらに継続発展させるべし，と言えるでしょう。

本書が紹介した，行動活性化の発想やコツは，たんなる不登校やひきこもりの改善策としてではなく，「ヒトとして」より柔軟でしたたかに生きていくためのあり方だと思います。

あとがき

　筆者が初めて不登校支援（お手伝い）を経験したのは，大学1年生の時でした。来談したのは小学校5年生の男の子で，日中は自宅で祖母と過ごす毎日でした。野球が好きで仲間に入れてもらいたいのですがうまく入れずに，肥満傾向もあって運動は大の苦手ということでした。会話は「ぶっきらぼう」で，動作も周囲には「投げやり」に見えてしまうようなところがあったので，主担当の女性の大学院生の方のアイディアで，この子の「野球の秘密特訓」をすることになり，そのスタッフとして誘われたのがきっかけでした。

　院生の方との面接に平行して，生活を整えながら，家事を手伝い，基礎的な学習ドリルを日課とし，こなした結果に応じてポイントが貯まる枠組みがうまくはまりました。獲得ポイントに応じて，「秘密特訓」の時間が増えることになっていました。春休み中には，小学校の教室をお借りして，「模擬授業」を試しました。なぜか，その時一番若かった筆者が先生の役となり，授業を進めたのですが，その後，男の子は板書の間違いを指摘してくれるまで元気になりました。

　6年生に進級してからは，段階的な登校訓練でポイントが貯まるように設定し，ほどなく普通の登校が達成できました。来談していた土曜日午後は，念願だった仲間との野球遊びを優先する，ということで終結になりました。当時は行動療法の技法もその用語もシンプルでしたが，まさに，行動活性化，好きな活動のための時間が裏打ち強化子となるトークンシステム，生活リズムの改善，そして漸次的接近とエクスポージャーによる支援そのものでした。ただ当時は，これらの援助の手法は「業界」ではまったくと言っていいほど評価されていませんでした。そのことが，へそ曲がりで目標を持てずあがい

ていた大学生のハートに火をつけてくれました。

　それから30年以上が経過しました。多くの不登校やひきこもりの子どもたちとご家族，また支援される先生や相談員の方とお会いしました。中学校でのスクールカウンセラーも経験しました。残念ながら，十分なご期待に添えない場合も多々ありましたが，教室に入れない子，自宅にひきこもらざるを得ない状況の方に対する支援の目指すところの本質は，今もむかしも変わらないと思います。

　本書は，そんな「変わらぬ支援の本質」をまとめたものです。学校を休みがちな子どもたちのすべてが教室に戻るべきだとは思いませんし，ひきこもりというスタイルが人生の一部に「あってはならぬもの」とも考えません。ただ，「現状には満足できていないのでそろそろ動き出したい」という若者が身近にいるので，「標準的な支援のあり方」を確認したい，という支援者あるいはご家族の方に，参考にしていただけたらうれしいです。

　本書は，金剛出版編集部中村奈々さまに，企画としてお声かけていただき，何度もくじけそうになったところをその都度，温かいメールでお尻をたたいていただき，ようやく刊行にこぎつけたものです。きめ細かに的確に，修正案を入れていただきました。しかし当然ながら，至らぬところはすべて筆者の責任です。中村さまには深く感謝申し上げます。

　最後に。既述の「彼」をふくめ，相談活動の中で出会い，ヒントをくださった方々おひとりおひとりに，「おかげさまで」と心からの謝辞を残します。

　　　　　　　　　　　　　　　　　　　　　　　　平成31年4月2日
　　　　　　　　　　　　　　　　　　　　　　　　神村栄一

[著者略歴]
神村　栄一（かみむら　えいいち）

福島県会津若松市生まれ
現在，新潟大学人文社会学系教授（教職大学院主担当）
学位・資格　心理学博士（筑波大学）／公認心理師／臨床心理士／専門行動療法士
専門　臨床心理学（認知行動療法），教育相談

学歴と職歴
1991年　筑波大学大学院博士課程満期退学
1991年〜早稲田大学助手等を経て
1995年〜新潟大学人文学部助教授
2002年〜同教育学部助教授
2012年〜同教授

その他の経歴，社会的活動
新潟県スクールカウンセラー，同学校派遣カウンセラー
新潟県教育委員会「中1ギャップ解消調査研究」の座長
市町村教育委員会いじめ調査委員（委員長含む3件）
放送大学「認知行動療法'14」（2014〜）の主任講師
日本認知・行動療法学会（代議員・常任編集委員）／日本不安症学会（評議員）／公認心理師の会（理事）

著書
「実践家のための認知行動療法テクニックガイド」（共著，北大路書房，2005）
「認知行動療法」（共著，放送大学教育振興会，2014）
「学校でフル活用する認知行動療法」（単著，遠見書房，2014）
「認知行動療法実践レッスン」（共著，金剛出版，2014）
「中1ギャップ：新潟から広まった教育の実践」（共著，新潟日報社，2015）

不登校・ひきこもりのための行動活性化
子どもと若者の"心のエネルギー"がみるみる溜まる認知行動療法

2019 年 5 月 20 日　発行
2025 年 4 月 20 日　4 刷

著　者　神村　栄一
発行者　立石　正信
印刷・製本　三協美術印刷
装丁　mg-okada

株式会社　金剛出版
〒 112-0005　東京都文京区水道 1-5-16
電話 03（3815）6661（代）
FAX03（3818）6848

ISBN978-4-7724-1692-4　C3011　　　　　　　　　　Printed in Japan ©2019

CRAFT ひきこもりの家族支援ワークブック [改訂第二版]
共に生きるために家族ができること

[編者]=境 泉洋　[著]=野中俊介　山本 彩　平生尚之

A5判　並製　288頁　定価3,300円

ひきこもりの若者が回復するために，家族ができる効果的な方法とは？
認知行動療法の技法を応用した，
ひきこもりの若者支援のための治療プログラムとワークブック。

ポジティブサイコロジー 不登校・ひきこもり支援の新しいカタチ

[著]=松隈信一郎

四六判　並製　196頁　定価3,080円

本書はポジティブ・サイコロジーの考え方を示し，
それを不登校やひきこもりの子どもたちに対して応用した
アプローチを紹介していく。

不登校支援の手引き
児童精神科の現場から

[著]=山崎 透

A5判　上製　168頁　定価3,080円

筆者の児童精神科臨床の経験から，
子どもや保護者への言葉のかけ方などを具体的に盛り込んだ，
不登校支援の集大成となる一冊。

価格は10%税込です。